AF751159

पीड़ित से विजेता तक: यौन शोषण के विरुद्ध महिलाओं की सुरक्षा हेतु पुस्तिका

द्वारा

अमांडा डैनियल

विषयसूची

पुस्तक के बारे में - पीड़ित से विजेता तक: यौन शोषण के विरुद्ध महिलाओं की सुरक्षा हेतु पुस्तिका

पीड़ित से विजेता तक: यौन शोषण के विरुद्ध महिलाओं की सुरक्षा हेतु पुस्तिका

यह सशक्त स्व-सहायता पुस्तक यौन शोषण का सामना करने के बाद अपनी ताकत और लचीलापन वापस पाने की चाहत रखने वाली महिलाओं के लिए एक महत्वपूर्ण संसाधन के रूप में कार्य करती है। व्यावहारिक मार्गदर्शन के साथ, यह यौन शोषण की प्रकृति को समझने, चालाकीपूर्ण व्यवहारों को पहचानने और आत्मविश्वास का निर्माण करने जैसे आवश्यक विषयों की खोज करती है। पाठक सीखेंगे कि सीमाएँ कैसे निर्धारित करें, आत्मरक्षा तकनीक विकसित करें और प्रभावी सुरक्षा योजनाएँ कैसे बनाएँ।

यह पुस्तिका सहायता प्रणालियों, आघात से निपटने के तरीकों और उपचार की यात्रा के महत्व पर जोर देती है, जिससे महिलाओं को अपने दर्द को उद्देश्य में बदलने में मदद मिलती है। कहानी सुनाने और वकालत को प्रोत्साहित

करके, यह पाठकों को अपने अनुभव साझा करने और दूसरों को शिक्षित करने के लिए प्रेरित करती है।

अंततः, यह पुस्तक केवल जीवित बचे रहने के बारे में नहीं है; यह एक उज्जवल, सशक्त भविष्य के लिए अपनी आंतरिक शक्ति को विकसित करने और उसे अपनाने के बारे में है।

लेखक के बारे में – अमांडा डैनियल

लेखक के बारे में

अमांडा महिलाओं और बच्चों के लिए एक भावुक वकील हैं, एक समर्पित पत्नी हैं, जिनकी कानूनी पृष्ठभूमि है और एक सशक्त लेखिका हैं जिन्होंने महिलाओं और बच्चों को घरेलू और यौन शोषण के आघात से उबरने में मदद करने के लिए अपना जीवन समर्पित कर दिया है। अपने स्वयं के अनुभवों और अपने करीबी लोगों से प्रेरणा लेते हुए , अमांडा ने इन मुद्दों से प्रभावित लोगों के लिए जागरूकता बढ़ाने और सहायता प्रदान करने के उद्देश्य से तीन प्रभावशाली पुस्तकें लिखी हैं। पीड़ित होने से लेकर विजेता बनने तक का उनका सफर उनके पाठकों को अपनी ताकत और लचीलापन खोजने के लिए प्रेरित करता है।

उसकी किताबें

- **लचीलापन उजागर: घरेलू हिंसा के खिलाफ महिलाओं की जीवित रहने की कहानियां** - यह पुस्तक घरेलू हिंसा से बची महिलाओं की शक्तिशाली कहानियों को संकलित करती है, जो

उनके साहस और उनके जीवन को पुनः प्राप्त करने के लिए उनके द्वारा की गई यात्राओं को दर्शाती है।

- **पीड़ित से विजेता तक: यौन दुर्व्यवहार के विरुद्ध महिलाओं की सुरक्षा हेतु एक पुस्तिका** - महिलाओं के लिए सशक्तीकरण रणनीतियों और अंतर्दृष्टि से भरी एक व्यावहारिक मार्गदर्शिका, कि वे यौन दुर्व्यवहार के विरुद्ध स्वयं की रक्षा कैसे करें तथा अपनी शक्ति को पुनः प्राप्त करें।
- **मासूमियत की सुरक्षा: शिकारियों से बच्चों की सुरक्षा के लिए एक मार्गदर्शिका** - इस आवश्यक मार्गदर्शिका का उद्देश्य माता-पिता, देखभाल करने वालों और बच्चों को शिकारियों से संभावित खतरों की पहचान करने, उन्हें रोकने और उनका जवाब देने के बारे में शिक्षित करना है।

अमांडा का मिशन

अपने लेखन के माध्यम से अमांडा का लक्ष्य है:

- दुर्व्यवहार से बचे लोगों की कहानियां साझा करके तथा उनके लचीलेपन को बढ़ावा देकर उन्हें सशक्त बनाएं।

- महिलाओं और बच्चों को स्वयं की सुरक्षा के लिए व्यावहारिक संसाधन और जानकारी उपलब्ध कराना।
- घरेलू और यौन दुर्व्यवहार की वास्तविकताओं के बारे में जागरूकता बढ़ाना ताकि जनता को सूचित और शिक्षित करने में मदद मिल सके।

अमांडा से जुड़ें

अमांडा और उनके कार्यों के बारे में अधिक जानकारी के लिए, या उनके साथ बोलने और कार्यशालाओं के लिए जुड़ने के लिए, कृपया लिंक के माध्यम से अमांडा डैनियल के फेसबुक निजी समूह पृष्ठ पर जाएं - https://web.facebook.com/groups/amandadaniel

अध्याय 1. यौन शोषण को समझना

1.1 यौन दुर्व्यवहार की परिभाषा: यह क्या है और क्या नहीं है

यौन शोषण कई रूपों में हो सकता है, और हमारे जीवन में इसे समझने और पहचानने के लिए विभिन्न प्रकारों को पहचानना महत्वपूर्ण है। यह अवांछित स्पर्श, बलपूर्वक व्यवहार या यहां तक कि मौखिक उत्पीड़न के रूप में प्रकट हो सकता है। उस समय के बारे में सोचें जब किसी ने आपकी व्यक्तिगत सीमाओं को पार किया हो - चाहे अनुचित टिप्पणी करके या अवांछित अंतरंगता के लिए मजबूर करके। ये अनुभव भ्रम पैदा कर सकते हैं, और अक्सर पीड़ित को दोषी या अनिश्चित महसूस हो सकता है कि उन्होंने जो सहा वह "वास्तविक" दुर्व्यवहार था। यह याद रखना महत्वपूर्ण है कि यौन शोषण कभी भी पीड़ित की गलती नहीं होती है, और इसके विभिन्न रूपों को स्वीकार करने से हमारे अपने अनुभवों को स्पष्ट करने में मदद मिलती है। कहानियों को साझा करके और एक-दूसरे से सीखकर, हम इन व्यवहारों को बेहतर ढंग से पहचान सकते हैं और उनके खिलाफ़ एक साथ खड़े हो सकते हैं।

सहमति से किए गए व्यवहार और दुर्व्यवहार के बीच अंतर को समझना भी उतना ही सशक्त हो सकता है। सहमति व्यक्तियों के बीच एक स्पष्ट, पारस्परिक समझौता है, जो

स्वतंत्रता और उत्साह की विशेषता है। यह जुड़ाव की वह चिंगारी है जो बातचीत को सुखद और सुरक्षित बनाती है। दुर्भाग्य से, सभी मुठभेड़ों में सच्ची सहमति शामिल नहीं होती है। हेरफेर, दबाव और डर एक साझा अनुभव को कुछ हानिकारक में बदल सकते हैं। अपनी खुद की बातचीत पर विचार करने से आपको यह समझने में मदद मिल सकती है कि कब सीमाओं का सम्मान किया जाता है - और कब नहीं। अपनी प्रवृत्ति पर भरोसा करना महत्वपूर्ण है; अगर कुछ गलत लगता है, तो बहुत संभावना है कि ऐसा ही है। हमें खुद को और अपने आस-पास के लोगों को यह याद दिलाने की ज़रूरत है कि स्वस्थ रिश्ते सम्मान, समझ और सच्ची सहमति पर आधारित होते हैं।

रिश्तों की जटिलताओं को समझने और दुर्व्यवहार को पहचानने में, एक व्यावहारिक सुझाव यह है कि इन विषयों पर दोस्तों और परिवार के साथ एक खुली बातचीत करें। अपने विचार, अनुभव और अंतर्दृष्टि साझा करें। यह पहली बार में असहज लग सकता है, लेकिन बोलने से, आप न केवल खुद को बल्कि दूसरों को भी सशक्त बनाते हैं। इस जागरूकता का निर्माण एक ऐसा माहौल बना सकता है जहाँ हर कोई अपनी भावनाओं को व्यक्त करने और अपने अनुभवों को साझा करने में सुरक्षित महसूस करता है। ज्ञान के माध्यम से, हम ठीक होना शुरू कर सकते हैं और एक सहायक समुदाय बना सकते हैं जहाँ दुर्व्यवहार का

साहसपूर्वक सामना किया जाता है और उसे खत्म किया जाता है।

1.2 दुर्व्यवहार का मन और शरीर पर प्रभाव

दुर्व्यवहार हमारे मानसिक स्वास्थ्य पर गहरे, अदृश्य निशान छोड़ सकता है। कई लड़कियों और युवा महिलाओं को अपने अनुभवों के परिणामस्वरूप चिंता और अवसाद का सामना करना पड़ता है। मुझे बिना किसी स्पष्ट कारण के डर की भारी भावना महसूस होना याद है। कभी-कभी, ऐसा लगता था कि दुनिया मेरे चारों ओर ढह रही थी, तब भी जब मैं एक सुरक्षित जगह पर थी। भेद्यता की यह भावना पिछले आघात से उत्पन्न हो सकती है। यह समझना महत्वपूर्ण है कि मानसिक स्वास्थ्य भी शारीरिक स्वास्थ्य जितना ही महत्वपूर्ण है। जब दुर्व्यवहार हमारे जीवन में प्रवेश करता है, तो यह हमारी धारणाओं को विकृत कर सकता है, जिससे हमें विश्वास हो जाता है कि हम अयोग्य हैं या हमें प्यार नहीं किया जाता है। ऐसे दिन भी थे जब मैं बिस्तर से बाहर नहीं निकल पाती थी, उदासी के बोझ तले दबी रहती थी। सार्वजनिक रूप से मेरे द्वारा पहनी जाने वाली मुस्कुराहटें महज मुखौटे थीं, जो भीतर की उथल-पुथल को छिपाती थीं। हम में से प्रत्येक अलग-अलग बोझ उठाता है

आघात के प्रति शारीरिक प्रतिक्रियाओं को अक्सर अनदेखा कर दिया जाता है, लेकिन वे भी उतनी ही महत्वपूर्ण हैं।

पिछले दुर्व्यवहार से तनाव कई तरीकों से प्रकट हो सकता है- तनाव सिरदर्द, थकान या बेचैनी की समग्र भावना। हमारे शरीर में स्कोर रखने का एक तरीका होता है। मैंने देखा कि जब भी मुझे दर्दनाक यादें याद आती हैं, तो मेरा दिल तेज़ी से धड़कने लगता है और मुझे अपने पेट में गांठ महसूस होती है। इन संकेतों को पहचानना हमारी अपनी भावनाओं और ज़रूरतों के बारे में जागरूकता बढ़ाने के लिए ज़रूरी है। अपने शरीर की बात सुनना सीखना सशक्त हो सकता है। उपचार तब शुरू होता है जब हम अपने दर्द को दबाने के बजाय उसे स्वीकार करते हैं। यह समझना कि मन और शरीर जुड़े हुए हैं, हमें इस बात पर ध्यान देने के लिए प्रोत्साहित कर सकता है कि हमारी भावनाएँ हमारे शारीरिक स्वास्थ्य को कैसे प्रभावित करती हैं। आपके पास इन भावनाओं का पता लगाने की शक्ति है, चाहे जर्नलिंग के ज़रिए, सहायक मित्रों से बात करके या पेशेवर मदद लेने के ज़रिए। जब हम खुद को महसूस करने और बढ़ने के लिए जगह देते हैं, तो हम एक उज्जवल, स्वस्थ भविष्य का द्वार खोलते हैं।

छोटे-छोटे कदम उठाने से आत्मा को खुशी मिलती है। एक डायरी रखना शुरू करें, जिसमें आप हर दिन कैसा महसूस करते हैं, इस पर ध्यान दें। अपनी भावनाओं को रिकॉर्ड करना एक मुक्ति के रूप में काम कर सकता है और आपको अपनी भावनाओं और प्रतिक्रियाओं में पैटर्न को समझने में मदद कर सकता है। याद रखें कि इस यात्रा में अपने मूल्य और ताकत

को पहचानना महत्वपूर्ण है। दर्द और उपचार की संभावना दोनों को स्वीकार करने का प्रयास करें, और निस्संदेह आप अपने मन और शरीर को दुर्व्यवहार की छाया से पुनः प्राप्त करने का अपना रास्ता खोज लेंगे।

1.3 पीड़ितों के बारे में आम ग़लतफ़हमियाँ

कई लड़कियाँ और युवतियाँ जो आघात से गुज़री हैं, वे अक्सर पीड़ित होने के मिथकों के कारण अलग-थलग या गलत समझी जाती हैं। सबसे व्यापक गलतफ़हमियों में से एक यह है कि पीड़ितों को एक निश्चित तरीके से व्यवहार करना चाहिए। समाज आमतौर पर पीड़ित के बारे में एक संकीर्ण तस्वीर पेश करता है, आमतौर पर कोई ऐसा व्यक्ति जो हमेशा दुखी, अलग-थलग या खुद की मदद करने में असमर्थ होता है। यह हममें से उन लोगों को बना सकता है जो कई तरह की भावनाओं का अनुभव करते हैं - क्रोध, लचीलापन या यहाँ तक कि खुशी के क्षण - ऐसा महसूस करते हैं कि हम "पीड़ित" श्रेणी में नहीं आते हैं। मुझे एक दोस्त याद है जिसने बदमाशी का सामना किया, और छिपने के बजाय, वह मुखर हो गई और दूसरों की मदद करना शुरू कर दिया। उसके पास बहुत ताकत थी लेकिन कभी-कभी वह पीड़ित होने पर बातचीत में अपनी जगह पर सवाल उठाती थी, अपने साथियों और वयस्कों दोनों द्वारा गलत समझी जाती थी। यह समझना महत्वपूर्ण है कि आघात से निपटने का कोई एक सही तरीका नहीं है। हमारी भावनाएँ,

चाहे वे स्टीरियोटाइप से कितनी भी अलग क्यों न हों, वैध हैं और उन्हें स्वीकार किया जाना चाहिए।

अपने अनुभवों में सशक्तिकरण ढूँढना चुनौतीपूर्ण लग सकता है, लेकिन जीवित रहने और ठीक होने के लिए ज़रूरी ताकत को पहचानना ज़रूरी है। जीवित बचे लोग अक्सर हर दिन दिखाए जाने वाले लचीलेपन के लिए खुद को पर्याप्त श्रेय नहीं देते हैं। मुश्किल रात के बाद सुबह उठना ही साहस का काम है। मैं एक बार एक लड़की से मिला, जिसने घर पर बड़ी चुनौतियों का सामना किया था, फिर भी उसने अपनी ऊर्जा को कला में लगाया। प्रत्येक ब्रशस्ट्रोक उसकी उपचार प्रक्रिया का एक हिस्सा था, जिसने उसके दर्द को सुंदर रचनाओं में बदल दिया। हममें से कई लोगों के पास यह परिवर्तनकारी शक्ति होती है, लेकिन इसके लिए हमें गहराई से खुदाई करने और चोट से परे देखने की आवश्यकता हो सकती है। यह समझना कि हम ठीक होने और बढ़ने का विकल्प चुन सकते हैं, सशक्त बनाता है। हमारी यात्राएँ अनोखी हैं, और हालाँकि वे बाधाओं से भरी हो सकती हैं, वे हमें आत्म-खोज और शक्ति की ओर भी ले जा सकती हैं।

जैसे-जैसे हम अपने व्यक्तिगत रास्तों से गुजरते हैं, आइए एक-दूसरे को याद दिलाएँ कि जीवित रहना सिर्फ़ सहन करने के बारे में नहीं है; यह हमारी सच्चाई में पनपने के बारे में है। एक सहायता प्रणाली स्थापित करना या मार्गदर्शन प्राप्त करना उपचार को बढ़ावा दे सकता है। अगली बार जब आप

किसी गलत धारणा से घिरे हुए महसूस करें, तो अपनी यात्रा पर विचार करने के लिए एक पल लें और अपनी ताकत को स्वीकार करें। अपने अनुभव को उन लोगों के साथ साझा करें जो शायद समझ सकें। आप अकेले नहीं हैं, और आपका लचीलापन किसी और को अपनी आवाज़ खोजने के लिए प्रेरित कर सकता है। यह पहचान कर खुद को सशक्त बनाएँ कि आप अपनी कहानी के लेखक हैं, और हर अध्याय आपकी ताकत और ठीक होने की इच्छा का प्रमाण है।

अध्याय 2. लाल झंडों को पहचानना

2.1 चालाकीपूर्ण व्यवहार की पहचान करना

भावनात्मक हेरफेर सूक्ष्म हो सकता है, हमारे जीवन में तब घुस सकता है जब हम इसकी कम से कम उम्मीद करते हैं। यह अक्सर चिंता, प्यार या दोस्ती के रूप में प्रच्छन्न होता है, लेकिन संकेत एक अलग कहानी बताते हैं। उदाहरण के लिए, उस समय के बारे में सोचें जब किसी ने आपको अपने दम पर कुछ करने की इच्छा के लिए दोषी महसूस कराया हो। हो सकता है कि यह कोई करीबी दोस्त हो जिसने आपकी दयालुता को हथियार में बदल दिया हो, जिससे आप अपनी पसंद पर सवाल उठा रहे हों। जब हम अचानक पकड़े जाते हैं, तो हम इन भावनाओं को अतिरंजित प्रतिक्रिया के रूप में खारिज कर सकते हैं, लेकिन अपनी भावनाओं को समझना महत्वपूर्ण है। हेरफेर के संकेतों में अक्सर उनके व्यवहार में असंगतता शामिल होती है, जहां स्नेह बिना किसी चेतावनी के ठंडेपन में बदल जाता है, जिससे भ्रम की स्थिति पैदा होती है। इन व्यवहारों को जल्दी पहचानना महत्वपूर्ण है क्योंकि लगातार हेरफेर दुर्व्यवहार के अधिक गंभीर रूपों में बदल सकता है, जिससे हम पर पड़ने वाले भावनात्मक बोझ से बचना मुश्किल हो जाता है।

चालाकीपूर्ण चालों का जवाब देना सीखना उतना ही महत्वपूर्ण है जितना कि उन्हें पहचानना। जब कोई हमारे

साथ चालाकी करने की कोशिश करता है, तो पहला कदम शांत रहना और अपनी प्रवृत्ति पर भरोसा करना है। अक्सर, हम भावनाओं को ठेस पहुँचाने या संघर्ष पैदा करने के डर से झिझकते हैं। मुझे एक समय याद है जब एक दोस्त लगातार मेरी उपलब्धियों को कमतर आंकता था, इस बात पर जोर देते हुए कि यह सब मज़ाक में था। इसे संबोधित करने के बजाय, मैंने इसे हंसी में उड़ा दिया, केवल अंदर से छोटा और छोटा महसूस करने के लिए। एक प्रभावी उपकरण जो मैंने पाया है वह दृढ़ता से यह बताना है कि उनके शब्द मुझे कैसा महसूस कराते हैं। यह दृष्टिकोण संवाद को खोलता है और उन्हें यह समझने का मौका देता है कि उन्होंने क्या चोट पहुँचाई है। यदि वे आपकी भावनाओं को खारिज करते हैं या अपना व्यवहार जारी रखते हैं, तो उस रिश्ते पर पुनर्विचार करने का समय आ सकता है। अपने आप को ऐसे सहायक व्यक्तियों के साथ घेरना जो हमारे मूल्य को कम करने के बजाय बढ़ाते हैं, हमारी खुशी के लिए महत्वपूर्ण है।

हेरफेर के खिलाफ खुद को सशक्त बनाने का मतलब है आत्म-प्रेम का अभ्यास करना और अपनी सीमाओं को मजबूत करना। यह पहली बार में कठिन लग सकता है, लेकिन जितना अधिक हम अपने भावनात्मक स्वास्थ्य को प्राथमिकता देते हैं, हम उतने ही मजबूत बनते हैं। जब हम खुद के लिए खड़े होते हैं तो यह ताकत चमकती है। एक दोपहर, मैंने खुद को मेरी कीमत की याद दिलाते हुए, दैनिक

पुष्टि अभ्यास को शामिल करने का फैसला किया। इसने न केवल मेरे खुद के प्रति दृष्टिकोण को बदल दिया, बल्कि मैंने दूसरों को मेरे साथ व्यवहार करने की अनुमति भी दी। अगली बार जब किसी ने मेरी पसंद के बारे में कोई टिप्पणी की, तो मैंने बिना किसी माफी के अपनी सच्चाई बताते हुए आत्मविश्वास के साथ जवाब दिया। यह छोटा सा बदलाव मेरे जीवन के हर हिस्से में फैल गया, जिससे हेरफेर करने वाले व्यवहार को पहचानने और उसे खत्म करने की मेरी क्षमता मजबूत हुई। अपनी भावनाओं को नियमित रूप से मान्य करके और खुद को सकारात्मकता से घेरकर अपने भावनात्मक स्थान को सुरक्षित करें, ऐसा जीवन बनाएं जहाँ हेरफेर के लिए कोई जगह न हो।

2.2 जबरदस्ती और सहमति को समझना

उत्साही सहमति सिर्फ़ एक मुहावरा नहीं है; यह किसी भी स्वस्थ बातचीत का मूल है। जब मैं उन समयों के बारे में सोचता हूँ जब मुझे ऐसा महसूस हुआ कि मैं किसी ऐसी चीज़ में जल्दबाजी कर रहा हूँ जिसके लिए मैं तैयार नहीं था, तो मुझे एहसास होता है कि सहमति के साथ-साथ उत्साह को अपनाना कितना ज़रूरी है। ज़बरदस्ती अक्सर किसी का ध्यान नहीं जाती। यह इतना सूक्ष्म हो सकता है जैसे कोई जोर दे रहा हो कि "चलो, बस एक बार" या "अगर तुम ऐसा नहीं करते तो तुम बहुत शर्मीले हो।" उन क्षणों में, किसी के स्नेह या स्वीकृति को खोने के डर से अनुपालन करने के लिए

दबाव महसूस करना आसान है। मैंने सीखा है कि अगर कोई मेरा वास्तव में सम्मान करता है, तो वह इसे शक्ति प्रदर्शन में बदले बिना मेरी हिचकिचाहट का सम्मान करेगा। ज़बरदस्ती की बारीकियों को समझना मेरी अपनी भावनाओं को पहचानने और उन्हें मान्य करने का द्वार खोलता है। सहमति से दोनों भागीदारों में जोश पैदा होना चाहिए, न कि एक काम या लेन-देन की तरह। यह दोनों लोगों के उत्साह के साथ उस पल में कदम रखने के बारे में है, न कि दायित्व के साथ।

अपनी सीमाओं को स्थापित करने के लिए खुद को सशक्त बनाना एक परिवर्तनकारी यात्रा रही है। मुझे एक समय याद है जब मैं दूसरों को खुश करने की चाहत में इतना उलझा हुआ था कि मैं अक्सर अपनी खुद की सहूलियत को नज़रअंदाज़ कर देता था। बिना दोषी महसूस किए या प्रतिक्रिया के डर के "नहीं" कहना कठिन लगता था। लेकिन मैंने छोटी-छोटी पुष्टि का अभ्यास करना शुरू कर दिया और छोटी-छोटी सीमाएँ तय करना शुरू कर दिया, जैसे कि उन योजनाओं को न कहना जो मुझे उत्साहित नहीं करती थीं। समय के साथ, इन छोटी-छोटी पुष्टिओं ने मेरा आत्मविश्वास बढ़ाया। मैं समझने लगा कि मेरी भावनाएँ वैध हैं, और मैं अपने लिए जो सही लगता है, उस पर दृढ़ रहने का हकदार हूँ। जब मैं अपनी सच्चाई बोलता हूँ, तो मैं न केवल अपनी ज़रूरतों का सम्मान करता हूँ, बल्कि यह भी दर्शाता हूँ कि स्वस्थ सीमाओं को अपनाया जाना चाहिए, उनसे डरना नहीं

चाहिए। सशक्तीकरण का मतलब सिर्फ़ यह बताना नहीं है कि मैं क्या चाहता हूँ; इसका मतलब यह भी है कि मैं जो नहीं चाहता हूँ, उसका सम्मान करना भी है। एक टिप जिसने मेरी मदद की, वह है अपनी सीमाओं को अपने चारों ओर एक सुरक्षा घेरे के रूप में देखना। उस घेरे से बाहर निकलना ठीक है, लेकिन मुझे आमंत्रित किया जाना चाहिए, और मुझे हमेशा यह चुनने का अधिकार है कि कौन अंदर आएगा।

हमेशा खुद को याद दिलाएं कि आपकी भावनाएं मायने रखती हैं। सुरक्षित जगहों पर 'नहीं' कहने का अभ्यास करें ताकि आप इस विचार के साथ सहज हो सकें। यह पहली बार में अजीब लग सकता है, लेकिन जितना अधिक आप अपनी सीमाओं पर जोर देंगे, यह उतना ही आसान हो जाएगा। आप दायित्व की छाया के बिना खुशी के हकदार हैं। इस बात का ध्यान रखें कि कौन आपके लिए आराम की जगह बनाता है और कौन आपको कोनों में धकेलता है। अपने आप को ऐसे लोगों के साथ घेरें जो आपकी पसंद का जश्न मनाते हैं और आपको "हाँ" या "नहीं" कहने में सुरक्षित महसूस कराते हैं। सहमति की खूबसूरती यह है कि यह एक आनंददायक संवाद होना चाहिए, न कि एक काम; एक साझेदारी जो आपसी सम्मान, रोमांच और अन्वेषण पर आधारित हो।

2.3 सामाजिक गतिशीलता और शक्ति असंतुलन

यह पहचानना कि सामाजिक मानदंड हमारे जीवन को कैसे आकार देते हैं, हमारे रिश्तों में शक्ति असंतुलन को समझने का पहला कदम है। छोटी उम्र से ही हमें भूमिकाओं के बारे में सिखाया जाता है—लड़की, बेटी, दोस्त होने का क्या मतलब है। ये भूमिकाएँ अक्सर उन अपेक्षाओं से प्रभावित होती हैं जो समाज ने पीढ़ियों से गढ़ी हैं। अपने स्वयं के अनुभवों के बारे में सोचें। क्या आपने कभी अपने लिंग के कारण एक निश्चित तरीके से कार्य करने का दबाव महसूस किया है? हो सकता है कि यह स्कूल में एक अलिखित नियम था या आपके परिवार की ओर से कोई सुझाव था। ये सामाजिक मानदंड सूक्ष्म रूप से तय कर सकते हैं कि किसकी आवाज है और किसकी नहीं। मुझे हाई स्कूल का एक समय याद है जब लड़कियों के एक समूह ने दयालुता के बजाय लोकप्रियता के आधार पर अपने मित्र मंडली में किसे शामिल करना है, इस बारे में चुनाव किए थे। इसने हममें से कई लोगों को अयोग्य महसूस कराया

इन असंतुलनों को समझना हमारे सशक्तिकरण के लिए महत्वपूर्ण है। यह सिर्फ़ उन्हें पहचानने के बारे में नहीं है; यह उनके खिलाफ़ खड़े होने और उनसे निपटने का तरीका सीखने के बारे में है। इन मानदंडों को चुनौती देने का मतलब है अपने लिए और एक-दूसरे के लिए खड़े होना। कई बार ऐसा हो सकता है जब आप अभिभूत महसूस करते हैं, शायद ऐसी स्थिति में जहाँ आपके साथ वैसा सम्मान नहीं किया जा रहा

है जिसके आप हकदार हैं। अपनी आवाज़ ढूँढ़ना और अपने विचार व्यक्त करना ज़रूरी है, भले ही यह असहज लगे। अपने आप को ऐसे दोस्तों से घेरें जो आपको प्रोत्साहित करते हैं और खुली बातचीत को प्रोत्साहित करते हैं, एक सहायक वातावरण बना सकते हैं। मैंने पाया है कि कक्षा में या अनौपचारिक बातचीत में बोलने का विकल्प चुनना समुदाय की भावना को बढ़ावा देता है। जब आप अनुचित व्यवहार देखते हैं तो सवाल पूछना या उसे चुनौती देना ठीक है। खुद को सशक्त बनाने का मतलब यह नहीं है कि आपको हर किसी के खिलाफ़ जाना है; यह अक्सर चर्चा शुरू करने या किसी और की बात सुनने जैसे छोटे-छोटे कामों से शुरू होता है।

इन गतिशीलताओं से गुजरते समय, हमेशा अपनी सुरक्षा और भलाई को प्राथमिकता दें। कभी-कभी, ये शक्ति असंतुलन अस्वस्थ तरीकों से प्रकट हो सकते हैं, जिससे चिंता या संलग्न होने में अनिच्छा हो सकती है। यदि आप कभी किसी स्थिति में खतरा या असहज महसूस करते हैं, तो याद रखें कि अपनी प्रवृत्ति पर भरोसा करना महत्वपूर्ण है। चाहे वह किसी भरोसेमंद दोस्त से बात करना हो या किसी सलाहकार या परामर्शदाता से मदद मांगना हो, आपको सहायता लेने का अधिकार है। अपने साथ यह ज्ञान रखें कि आपकी भावनाएँ वैध हैं, और मदद माँगने में शक्ति है। साथ मिलकर, हम सामाजिक मानदंडों को चुनौती दे सकते हैं, एक

ऐसी दुनिया बना सकते हैं जहाँ हर किसी की आवाज़ हो। अपने भीतर इस लचीलेपन को बनाए रखें: आपके विचार, भावनाएँ और अनुभव सम्मान के योग्य हैं और उन्हें बिना किसी डर के साझा किया जाना चाहिए।

अध्याय 3. आत्म-विश्वास का निर्माण

3.1 आत्म-सम्मान की शक्ति

अपने आंतरिक मूल्य को पहचानना प्रकाश के एक स्रोत को उजागर करने जैसा है जो आपको जीवन के सबसे चुनौतीपूर्ण क्षणों में मार्गदर्शन कर सकता है। मेरे जीवन में ऐसे समय थे जब मैं अदृश्य या अयोग्य महसूस करता था, अक्सर अपने आस-पास के लोगों से अपनी तुलना करता था, यह सोचकर कि वे किसी तरह खुशी या सफलता के अधिक हकदार हैं। मुझे यह समझने में थोड़ा समय लगा कि मेरा मूल्य दूसरों की स्वीकृति या उपलब्धियों से नहीं आता है। यह महसूस करने से कि मेरा मूल्य अंतर्निहित है, मुझे जीवन के तूफानों के बीच खड़े रहने के लिए लचीलापन विकसित करने में मदद मिली। जब मुझे अस्वीकृति या विफलता का सामना करना पड़ा, तो टूटने के बजाय, मैंने आत्म-मूल्य की अपनी समझ पर भरोसा करना सीखा - एक ढाल जो मुझे नकारात्मक प्रभावों और कठोर आत्म-निर्णय से बचाती है। यह जागरूकता एक गेम चेंजर थी, जिसने मुझे बढ़ने, सीखने और आगे बढ़ते रहने के लिए सशक्त बनाया, चाहे मुझे कितनी भी बाधाओं का सामना करना पड़े।

सबसे ज़्यादा बदलाव लाने वाली प्रथाओं में से एक थी दैनिक पुष्टि। हर सुबह, मैं शीशे के सामने खड़ा होता, अपनी आँखों में देखता और अपनी ताकत और क्षमताओं का बखान

करता। मैं ऐसी बातें कहता, जैसे कि मैं काफी हूँ, या मैं दुनिया के लिए अद्वितीय मूल्य लाता हूँ। पहले तो यह अजीब लगता था। मुझे अपने बारे में सकारात्मक बातें करने की आदत नहीं थी। लेकिन धीरे-धीरे, मुझे बदलाव महसूस होने लगा। एक जर्नल में अपने बारे में जिन गुणों की मैं सराहना करता हूँ, उन्हें लिखने से भी मदद मिली। हर बार जब मैं अपनी सफलताओं या यहाँ तक कि अपने द्वारा की गई छोटी-छोटी उपलब्धियों पर विचार करता, तो इससे मेरे मूल्य की भावना मजबूत होती। मुझे छोटी-छोटी जीत में खुशी मिलती थी—जैसे किसी दोस्त की मदद करना या कोई चुनौतीपूर्ण प्रोजेक्ट पूरा करना। समय के साथ, ये अभ्यास मेरी दिनचर्या का एक अहम हिस्सा बन गए, जो मुझे हर दिन याद दिलाते थे कि मैं प्यार, सफलता और खुशी के लायक हूँ।

इस अभ्यास को और भी प्रभावशाली बनाने के लिए, मैंने ऐसी ही यात्रा पर चल रही अन्य लड़कियों और युवतियों से जुड़ने के तरीके खोजे। हम एक-दूसरे को प्रोत्साहित करते, अपनी कहानियाँ साझा करते और एक-दूसरे की जीत का जश्न मनाते, चाहे वह कितनी भी छोटी क्यों न हो। अपने आप को सहायक मित्रों के साथ घेरने से एक महत्वपूर्ण अंतर आया। मुझे एहसास हुआ कि हम एक साथ अपने मूल्य को पहचान कर और पुष्टि करके एक-दूसरे का उत्थान कर सकते हैं। चाहे आप अपनी यात्रा में कहीं भी हों, उन छोटी-

छोटी पुष्टिओं को खोजें जो आपके साथ प्रतिध्वनित हों और आपके दिन का हिस्सा बन जाएँ। प्रत्येक सुबह इस विश्वास के साथ शुरू करें कि आप योग्य हैं, बस आप जो हैं, उसके द्वारा। जब आप अपने मूल्य को पूरी तरह से समझते हैं, तो आप अपने भीतर एक ताकत विकसित करते हैं जो आपको जीवन में आने वाली किसी भी चुनौती से उबार सकती है।

3.2 आत्मरक्षा के माध्यम से आत्मविश्वास बढ़ाना

शारीरिक आत्मरक्षा प्रशिक्षण सिर्फ़ मुक्का रोकना या पकड़ से बचना सीखने से कहीं ज़्यादा है। यह सशक्तिकरण की भावना का निर्माण करने के बारे में है जो जीवन के हर पहलू में समाहित है। मुझे अपनी पहली आत्मरक्षा कक्षा याद है, जब मैं मैट पर कदम रखते ही घबरा गई थी। प्रशिक्षक ने हमें अपने शरीर की शक्ति को अपनाने के लिए प्रोत्साहित किया। जैसे-जैसे मैंने तकनीक सीखना शुरू किया, मुझे एक ऐसा उत्साह महसूस हुआ जो मैंने पहले कभी अनुभव नहीं किया था। हर बार जब मैंने कोई नया कदम उठाया, तो यह आत्म-संदेह की परतों को हटाने जैसा था। हर सफल प्रयास के साथ, मैं अपने आत्मविश्वास को मजबूत होते हुए महसूस कर सकती थी। मुझे एहसास हुआ कि सिर्फ़ मेरा शरीर ही फिट नहीं हो रहा था; मेरा दिमाग तेज़ और साहसी बन रहा था। मैं खुद पर भरोसा करना, मज़बूती से खड़ा होना और चुनौतियों का सामना करना सीख रही थी। इस बदलाव ने न

सिर्फ़ मेरे खुद को देखने के तरीके को बदला बल्कि दूसरों के नज़रिए को भी बदला।

अभ्यास सत्रों में भाग लेना मेरे लिए एक गेम-चेंजर था। ये सत्र सिर्फ़ शारीरिक कौशल के बारे में नहीं थे; ये मानसिक कसरत भी थे। जैसे ही मैंने अपना पहला सफल मुक्का मारा या सही समय पर बच निकला, मैं अपने ऊपर सशक्तीकरण की लहर महसूस कर सकता था। मैं सामाजिक परिस्थितियों में खुद पर संदेह करता था, लेकिन अब मैंने पाया कि मैं अपने कंधों को पीछे करके और अधिक दृढ़ विश्वास के साथ बोल रहा हूँ। हर बार जब मैं मैट पर कदम रखता था, तो यह सिर्फ़ चाल या तकनीकों के बारे में नहीं था; यह डर और थकान से बाहर निकलने के लिए खुद को चुनौती देने के बारे में था। मैंने इन कक्षाओं में अन्य लड़कियों और महिलाओं के साथ संबंध बनाए, और हमने अपने अनुभव और चुनौतियाँ साझा कीं। एक-दूसरे को प्रोत्साहित करते हुए, हमने एक ऐसा समुदाय बनाया जहाँ हर कोई एक साथ था। इन अभ्यास सत्रों के माध्यम से, मैंने न केवल खुद का बचाव करना सीखा बल्कि एक मजबूत मानसिकता का निर्माण किया जो दृढ़ता और साहस पर आधारित थी।

आत्मरक्षा प्रशिक्षण के माध्यम से आत्मविश्वास बढ़ाने की यात्रा जारी है, और यह सिर्फ़ शारीरिक महारत से कहीं ज़्यादा है। प्रत्येक अभ्यास, विकास का प्रत्येक क्षण आपके सर्वश्रेष्ठ बनने की दिशा में एक कदम है। इसलिए, जब आप

इस रास्ते पर आगे बढ़ें, तो याद रखें कि आत्मविश्वास एक मांसपेशी है। जितना अधिक आप इसे प्रशिक्षित करेंगे, यह उतना ही मज़बूत होगा। प्रत्येक अभ्यास और साथी कसरत को खुद को हाँ कहने के अवसर के रूप में स्वीकार करें, और अपने आराम क्षेत्र से बाहर निकलने में संकोच न करें। आप अपनी आत्मरक्षा यात्रा में जहाँ भी हों, यह जान लें: आपकी ताकत सिर्फ़ आपके मुक्कों में नहीं बल्कि हर सत्र में आपके द्वारा लाए जाने वाले दृढ़ संकल्प और उत्साह में निहित है।

3.3 सकारात्मक आत्म-छवि बनाना

खुद के प्रति प्यार और सकारात्मक दृष्टिकोण को बढ़ावा देना कोई ऐसी चीज़ नहीं थी जो रातों-रात हो गई। इसके लिए समय, देखभाल और थोड़ी खोजबीन की ज़रूरत थी। मैंने खुद के प्रति दयालु होना शुरू किया। अपनी कमियों पर ध्यान देने के बजाय, मैंने हर दिन अपने बारे में तीन ऐसी चीज़ें लिखने की आदत बनानी शुरू की जो मुझे पसंद थीं। यह सरल अभ्यास, हालाँकि शुरू में अजीब लगा, धीरे-धीरे मेरे नज़रिए को बदल गया। मैंने उन छोटी-छोटी चीज़ों का जश्न मनाना सीखा जो मुझे अद्वितीय बनाती हैं: मेरी रचनात्मकता, दोस्तों के साथ सहानुभूति रखने की मेरी क्षमता और यहाँ तक कि मेरी अनोखी शैली भी। हर शाम पीछे मुड़कर देखना और इन छोटी-छोटी जीतों पर विचार करना खुशी का स्रोत बन गया, जिससे मुझे अपने भीतर की सुंदरता की याद आती थी। इस यात्रा में पुष्टिकरण एक और शक्तिशाली उपकरण

बन गया। मैं आईने के सामने खड़ा होता और इस तरह के वाक्यांश दोहराता, मैं योग्य हूँ, और "मैं अपनी विशिष्टता को स्वीकार करता हूँ।" समय के साथ, मैंने खुद को आईने में लड़की को देखकर मुस्कुराते हुए पाया, और मेरा आत्म-संदेह फीका पड़ने लगा।

ऐसी गतिविधियों में शामिल होना जो मेरी खूबियों को उजागर करती हैं, उतना ही महत्वपूर्ण था। मैंने पाया कि नई चीजों को आजमाने से न केवल मेरा आत्मविश्वास बढ़ा बल्कि मेरी छिपी हुई प्रतिभाएँ भी सामने आईं। मैंने एक डांस क्लास ज्वाइन की, जिसे करने में मुझे हमेशा बहुत शर्म आती थी, और मुझे आश्चर्य हुआ कि मुझे यह बहुत पसंद आया। प्रत्येक क्लास में सिर्फ़ मूव्स नहीं थे; यह आत्म-अभिव्यक्ति के आनंद के बारे में था। मैंने एक स्थानीय सामुदायिक केंद्र में स्वयंसेवा करना भी शुरू कर दिया, जहाँ मुझे एहसास हुआ कि मुझे दूसरों की मदद करने में कितना मज़ा आता है। जिन लोगों की मैंने मदद की, उनसे मुझे जो आभार मिला, उसने मेरी योग्यता को मजबूत किया और मुझे बदलाव लाने की मेरी क्षमता की याद दिलाई। व्यक्तिगत लक्ष्य निर्धारित करना, जैसे गिटार बजाना सीखना, मेरी उपलब्धियों का जश्न मनाने का एक और तरीका बन गया। हर बार जब मैं एक नए राग में महारत हासिल करता, तो यह मुझे मेरी दृढ़ता और प्रगति की याद दिलाता। इन उपलब्धियों को स्वीकार करना, चाहे वे कितनी भी छोटी क्यों न हों, एक सकारात्मक

आत्म-छवि को मजबूत करता है। जो सबसे ज़्यादा मायने रखता है, वह है उन गतिविधियों को खोजना और अपनाना जो आपको जीवंत और सफल महसूस कराती हैं।

जैसे-जैसे मैं इन रास्तों पर आगे बढ़ा, मैंने पाया कि सकारात्मक आत्म-छवि बनाना एक बार की चेकलिस्ट नहीं है, बल्कि आत्म-प्रेम और आत्म-खोज की एक सतत यात्रा है। यह याद रखना ज़रूरी है कि हर किसी की अपनी ताकत और बताने के लिए कहानियाँ होती हैं। इसलिए एक पल लें, अपने बारे में तीन ऐसी चीज़ें लिखें जिनकी आप सराहना करते हैं, और कुछ ऐसा खोजें जो आपको करना पसंद हो - चाहे वह पेंटिंग हो, हाइकिंग हो, लिखना हो, या कुछ और जो आपको उत्साहित करता हो। अपनी विशिष्टता को पोषित करके इन सकारात्मक भावनाओं को फिर से स्थापित करें, और देखें कि कैसे आपकी आत्म-छवि आपके सच्चे स्व के खिलते हुए प्रतिबिंब में बदल जाती है।

अध्याय 4. सीमाएँ निर्धारित करना

4.1 व्यक्तिगत सीमाओं को समझना

व्यक्तिगत सीमाएँ अदृश्य रेखाओं की तरह होती हैं जो हमारे भावनात्मक और शारीरिक स्थान की रक्षा करती हैं। वे दूसरों को बताती हैं कि क्या स्वीकार्य है और क्या नहीं, जिससे हमें अपनी ज़रूरतों और सीमाओं को स्पष्ट रूप से बताने में मदद मिलती है। जब मैंने पहली बार सीमाओं के बारे में सीखा, तो ऐसा लगा जैसे मेरे कंधों से एक बहुत बड़ा बोझ उतर गया हो। मुझे हाई स्कूल का एक समय याद है जब मैं दोस्तों की माँगों से अभिभूत महसूस करता था। मुझे एहसास हुआ कि मैं अक्सर "हाँ" कहता था जब मेरा वास्तव में "नहीं" मतलब होता था। व्यक्तिगत सीमाओं को समझने से मेरे लिए सब कुछ बदल गया। इसने मुझे अपनी भलाई को प्राथमिकता देने और अपने रिश्तों में संतुलन खोजने में मदद की। सीमाएँ सुरक्षा पैदा करती हैं, जिससे हम बिना किसी डर के खुद को स्वतंत्र रूप से और ईमानदारी से व्यक्त कर सकते हैं या उन स्थितियों में मजबूर हो सकते हैं जिनसे हम असहज हैं। वे हमारे मानसिक स्वास्थ्य, आत्म-सम्मान और समग्र खुशी को बनाए रखने के लिए आवश्यक हैं।

अपनी सीमाओं पर चिंतन करना मेरे जीवन का सबसे शक्तिशाली अनुभव रहा है। इसकी शुरुआत खुद से ईमानदार सवाल पूछने से हुई, जैसे, "मुझे क्या असहज

महसूस कराता है?" और, "किस परिस्थिति में मैं दबाव महसूस करता हूँ?" मुझे याद है कि एक दोपहर मैं अपनी डायरी लेकर बैठा था और उन समयों के बारे में लिख रहा था जब मुझे लगा कि मेरी सीमाएँ लांघी गई हैं। यह महसूस करना ज्ञानवर्धक था कि मेरे पास खुद को मुखर करने की शक्ति थी लेकिन अक्सर मैं ऐसा नहीं कर पाता था क्योंकि मुझे दूसरों को निराश करने का डर था। मैंने अपने जीवन में उन क्षेत्रों को पहचानना शुरू किया जहाँ मुझे अपनी बात पर अड़ा रहना था, चाहे वह उन सामाजिक समारोहों को मना करना हो जिनमें मैं शामिल नहीं होना चाहता था या समूह परियोजनाओं में अपनी राय व्यक्त करना हो। जिस क्षण मैंने इन भावनाओं को स्वीकार किया, उसी क्षण मैंने अपनी आवाज़ वापस लेना शुरू कर दिया।

अपनी व्यक्तिगत सीमाओं का पता लगाने और उन्हें व्यक्त करने के लिए समय निकालना सशक्त बना सकता है। इस यात्रा को शुरू करने के लिए एक व्यावहारिक सुझाव यह है कि सीमाओं के बारे में अपनी भावनाओं को समर्पित एक पत्रिका रखें। उन स्थितियों को लिखें जहाँ आपने असहज या अभिभूत महसूस किया है, और ट्रिगर्स की पहचान करें। जितना अधिक आप इन पैटर्न को पहचानेंगे, अपनी सीमाओं को संप्रेषित करना उतना ही आसान होगा। याद रखें, अपनी सीमाओं पर जोर देना स्वार्थी नहीं है; यह आत्म-प्रेम और सम्मान की दिशा में एक आवश्यक कदम है। आपको अपने

लिए जगह बनाने का पूरा अधिकार है, और ऐसा करके, आप न केवल अपने जीवन को समृद्ध करेंगे बल्कि अपने आस-पास के लोगों को भी उनकी प्रामाणिकता में पनपने के लिए प्रोत्साहित करेंगे।

4.2 अपनी सीमाओं को स्पष्ट रूप से बताना

अपनी सीमाओं को व्यक्त करना कठिन हो सकता है, खासकर तब जब आप इस बात को लेकर चिंतित हों कि दूसरे लोग कैसे प्रतिक्रिया देंगे। मुझे याद है कि पहली बार जब मैंने एक दोस्त को यह बताने की कोशिश की कि मुझे कुछ जगह चाहिए। मेरा दिल तेज़ी से धड़कने लगा और मेरे शब्द लगभग उलझ कर रह गए। लेकिन जिस क्षण मैंने गहरी साँस ली और स्पष्टता और आत्मविश्वास के साथ इसे तैयार किया, मुझे लगा कि मेरा वजन हल्का हो गया है। अपनी सीमाओं को स्पष्ट करने के तरीकों का अभ्यास करना ज़रूरी है; यह आपको दूसरों का अनादर किए बिना अपनी ज़रूरतों को व्यक्त करने और खुद का सम्मान करने की अनुमति देता है। यह व्यक्त करने के लिए कि कुछ क्रियाएँ आपको कैसे प्रभावित करती हैं, मैं कथनों का उपयोग करने का प्रयास करें। उदाहरण के लिए, यह कहना कि जब योजनाएँ अंतिम क्षण में बदल जाती हैं तो मैं अभिभूत महसूस करता हूँ, दूसरे व्यक्ति पर आरोप लगाने के बजाय इसे आपके अनुभव के बारे में बनाता है। यह दृष्टिकोण स्वाभाविक रूप से समझ

को बढ़ावा देता है और अधिक रचनात्मक बातचीत की ओर ले जा सकता है।

किसी मित्र के साथ भूमिका निभाने वाले परिदृश्य अविश्वसनीय रूप से सशक्त हो सकते हैं। किसी साथी को साथ लें और उन स्थितियों का अभ्यास करें जहाँ आपको अपनी सीमाओं पर जोर देने की आवश्यकता हो सकती है। हो सकता है कि एक परिदृश्य ऐसा हो जिसमें कोई व्यक्ति समूह चर्चा के दौरान लगातार आपको बाधित कर रहा हो। इसे अभिनय करके, आप कुछ ऐसा कहने का अभ्यास कर सकते हैं, मैं आपके उत्साह की सराहना करता हूँ, लेकिन मैं पहले अपनी बात समाप्त करना चाहूँगा। यह पहली बार में मूर्खतापूर्ण लग सकता है, लेकिन जितना अधिक आप इन चंचल अभ्यासों में संलग्न होंगे, उतना ही आप सहज होते जाएँगे। यह न केवल आपको सही शब्द खोजने में मदद करेगा, बल्कि यह भावनाओं के उफान पर होने पर भी अपना संदेश देने में आपका आत्मविश्वास भी बढ़ाता है।

आपको जगह लेने की अनुमति है। अपनी सीमाओं को जानना और उन्हें व्यक्त करना आत्म-देखभाल का एक रूप है। मैंने सीखा कि जब मैं अपनी सीमाओं को स्पष्ट करने में दृढ़ और दयालु रहा, तो मैंने न केवल बेहतर महसूस किया, बल्कि अपने आस-पास के लोगों से सम्मान भी अर्जित किया। हर हतोत्साहित शब्द एक कदम पीछे हट जाता है, जबकि प्रत्येक स्पष्ट, आत्मविश्वास से भरा बयान आपको

आगे ले जाता है। अपनी ज़रूरतों से पीछे न हटें; वे वैध हैं और सुनने लायक हैं। याद रखें, स्पष्ट सीमाएँ स्वस्थ संबंधों को बढ़ावा दे सकती हैं। अगली बार जब आपको लगे कि आपकी सीमाओं का परीक्षण किया जा रहा है, तो एक पल रुकें, सांस लें और याद रखें कि आपकी आवाज़ मायने रखती है।

4.3 रिश्तों में सीमाएं लागू करना

विरोध का सामना करने पर अपनी सीमाओं को बनाए रखना चुनौतीपूर्ण लग सकता है, खासकर उन रिश्तों में जहाँ भावनाएँ बहुत ज़्यादा होती हैं। मुझे हाई स्कूल का एक समय याद है जब एक करीबी दोस्त ने मेरी तय की गई सीमाओं को तोड़ना शुरू कर दिया था। वह अक्सर देर रात मुझे बाहर घूमने के लिए बुलाती थी, तब भी जब मैंने उसे स्पष्ट कर दिया था कि मुझे अपनी पढ़ाई पर ध्यान देने के लिए शाम की ज़रूरत है। शुरू में, मुझे मना करने के लिए दोषी महसूस हुआ। मुझे चिंता थी कि मैं उसकी भावनाओं को ठेस पहुँचा सकता हूँ या उसे दूर भगा सकता हूँ। हालाँकि, मुझे जल्द ही पता चल गया कि दृढ़ रहना और अपनी ज़रूरतों को स्पष्ट रूप से बताना ज़रूरी है। एक तकनीक जो मुझे अविश्वसनीय रूप से मददगार लगी, वह थी 'मैं' कथनों का उपयोग करना, यह व्यक्त करना कि कुछ व्यवहारों ने मुझे व्यक्तिगत रूप से कैसे प्रभावित किया, बिना किसी को दोष दिए। उदाहरण के लिए, मैं कहता था, "जब मुझे अपने स्कूल

के काम के साथ आखिरी मिनट की योजनाओं को संतुलित करना होता है, तो मैं अभिभूत महसूस करता हूँ।" इस दृष्टिकोण ने न केवल मेरी सीमाओं को स्पष्ट किया, बल्कि बातचीत को भी खोला, जिससे उसे मेरा दृष्टिकोण बेहतर ढंग से समझने का मौका मिला।

किसी रिश्ते में स्वस्थ गतिशीलता को प्रोत्साहित करना आपसी सम्मान और समझ पर निर्भर करता है। इसे बढ़ावा देने के लिए, दोनों पक्षों को खुले संवाद में शामिल होना चाहिए जहाँ भावनाओं को ईमानदारी से साझा किया जाता है। जब मेरे दोस्त ने मेरे संघर्ष को स्वीकार किया और मेरे अध्ययन के समय का सम्मान करने के लिए सहमत हुआ, तो हमारी दोस्ती गहरी हो गई। हमने एक समझौता किया जिसके तहत हम योजना बनाने से पहले अपने शेड्यूल के बारे में एक-दूसरे से पूछेंगे। इसने न केवल हमारे बंधन को बनाए रखा बल्कि हम दोनों को समझौते का मूल्य भी दिखाया। अपने आस-पास के लोगों को सीमाओं का सम्मान करने के लिए प्रेरित करना और प्रोत्साहित करना रिश्तों को बदल सकता है। मैं अक्सर युवा महिलाओं को याद दिलाता हूँ कि मुखर होने का मतलब आक्रामक होना नहीं है; इसके बजाय, यह केवल अपनी ज़रूरतों को उतना ही महत्व देना है जितना आप दूसरों को देते हैं। रिश्ते तब पनपते हैं जब सभी व्यक्ति सुनते और सम्मान महसूस करते हैं।

अपनी सीमाओं को मजबूत करने के लिए एक व्यावहारिक सुझाव यह है कि अपने दोस्तों और भागीदारों के साथ नियमित रूप से संपर्क बनाए रखें। हर दो हफ़्ते में कुछ पल निकालकर इस बात पर चर्चा करें कि आपके रिश्ते में क्या काम कर रहा है और क्या नहीं। इससे दोनों पक्षों के लिए अपने विचारों और भावनाओं को व्यक्त करने के लिए एक सुरक्षित स्थान बनता है और संचार के प्रवाह को बढ़ावा मिलता है जो गलतफहमी को बढ़ने से पहले टालने में मदद कर सकता है। याद रखें, सीमाएँ निर्धारित करना आत्म-देखभाल का एक कार्य है जो आपके रिश्तों के समग्र स्वास्थ्य में योगदान देता है।

अध्याय 5. ज्ञान के माध्यम से स्वयं को सशक्त बनाना

5.1 अपने अधिकारों को समझना

हर लड़की और युवा महिला को अपने जीवन में सुरक्षित और सशक्त महसूस करने का हक है। व्यक्तिगत सुरक्षा और स्वायत्तता के बारे में अपने कानूनी अधिकारों को समझना सुरक्षा की उस भावना को प्राप्त करने की दिशा में पहला कदम है। हम में से बहुत से लोग यह नहीं समझ पाते कि हमें नुकसान से बचाने और अपने खुद के विकल्प चुनने के हमारे अधिकार को सुनिश्चित करने के लिए विशेष रूप से बनाए गए कानून हैं। इन अधिकारों में उत्पीड़न या दुर्व्यवहार का सामना करने पर मदद मांगने और ऐसी किसी भी स्थिति से निपटने की क्षमता शामिल है जहाँ हमारी सुरक्षा से समझौता किया जाता है। मुझे अपने जीवन में एक समय याद है जब मैं परेशान महसूस कर रही थी और मुझे नहीं पता था कि परेशान करने वाली मुठभेड़ के बाद क्या करना है। उस पल के दौरान मुझे पता चला कि मुझे बोलने, सहायता मांगने और अपनी बात पर अड़े रहने का अधिकार है। यह जानना कि मेरा समर्थन करने के लिए लोग और सिस्टम मौजूद हैं, मुक्तिदायक था और मैं आपको अपने स्थानीय कानूनों और आपके लिए उपलब्ध संसाधनों की बारीकियों का पता लगाने के लिए प्रोत्साहित करती हूँ। ऐसा करने से न केवल

आपका आत्मविश्वास बढ़ता है बल्कि आपको खुद को और दूसरों को बचाने के लिए उपकरण भी मिलते हैं।

ज्ञान के साथ खुद को सशक्त बनाना खुद के लिए वकालत करने का एक अनिवार्य हिस्सा है। जब हम अपने अधिकारों के बारे में खुद को शिक्षित करते हैं, तो हम साहस के साथ दुनिया को नेविगेट करने की क्षमता को अनलॉक करते हैं। स्कूलों में यौन उत्पीड़न नीतियों, सहमति से संबंधित कानूनों और विभिन्न वातावरणों में आपके लिए उपलब्ध सुरक्षा के बारे में जानने के लिए समय निकालें। मैंने एक बार सहमति पर एक कार्यशाला में भाग लिया था, और इसने मेरे अपने रिश्तों और सीमाओं को देखने के तरीके को बदल दिया। जितना अधिक मैंने समझा, उतना ही मैं अपनी आवश्यकताओं और अपेक्षाओं को स्पष्ट कर सका। यह आत्म-वकालत की एक ठोस नींव बनाने के बारे में है जो ज्ञान और जागरूकता से उपजी है। याद रखें कि आपको यह व्यक्त करने का अधिकार है कि आपको क्या सहज लगता है और क्या आपकी सीमाओं का उल्लंघन करता है, चाहे वह दोस्ती, पारिवारिक सेटिंग या रोमांटिक रिश्तों में हो। जब आप अपने अधिकारों के लिए दृढ़ होते हैं, तो आप एक लहर प्रभाव पैदा करते हैं जो न केवल आपको लाभान्वित करता है बल्कि आपके दोस्तों और साथियों को भी ऐसा करने के लिए प्रोत्साहित करता है।

कई लड़कियाँ खारिज होने या उपहास का पात्र बनने के डर से बोलने से कतराती हैं, लेकिन चुप रहने से अक्सर अनादर और गलतफहमी का चक्र चलता रहता है। एक शक्तिशाली टिप मुखर संचार का अभ्यास करना है। इसका मतलब आक्रामक होना नहीं है; बल्कि, यह आपकी भावनाओं को स्पष्ट और आत्मविश्वास से व्यक्त करने के बारे में है। आप जो कहना चाहते हैं उसका अभ्यास आप किसी मित्र से या यहाँ तक कि शीशे के सामने भी कर सकते हैं, जो चिंता को कम करने में मदद कर सकता है। अपनी आवाज़ को गले लगाएँ, यह जानते हुए कि आपको सुनने और सम्मान पाने का अधिकार है। अपनी उपस्थिति की शक्ति को कभी कम न आँकें; आपका ज्ञान और वकालत दूसरों को प्रेरित कर सकती है। चाहे वह अपनी कहानी साझा करना हो या किसी मित्र की बात सुनना और उसके लिए खड़ा होना हो, आपके पास एक सार्थक प्रभाव डालने की क्षमता है। इसलिए सीखते रहें, साझा करते रहें और अपने और अपने आस-पास के अन्य लोगों के अधिकारों की जमकर रक्षा करें।

5.2 दुर्व्यवहार के विरुद्ध कानूनी सुरक्षा

दुर्व्यवहार करने वालों से खुद को बचाने के लिए उपलब्ध कानूनी साधनों को समझना अविश्वसनीय रूप से सशक्त बनाता है। हमें सुरक्षित रखने के लिए कई तरह के कानूनी संरक्षण तैयार किए गए हैं, और इन संसाधनों का उपयोग

करने से बहुत फर्क पड़ सकता है। उदाहरण के लिए, निरोधक आदेश रक्षा की एक महत्वपूर्ण पंक्ति के रूप में काम करते हैं। यदि आप खुद को किसी दुर्व्यवहार की स्थिति में पाते हैं, तो निरोधक आदेश कानूनी रूप से दुर्व्यवहार करने वाले को आपसे, आपके घर या यहाँ तक कि आपके कार्यस्थल से दूर रख सकता है। मुझे एक दोस्त याद है जिसने भावनात्मक दुर्व्यवहार का सामना किया था और उसे नहीं पता था कि उसे निरोधक आदेश मिल सकता है। एक बार जब उसे इसके बारे में पता चला, तो उसे अचानक ताकत का एहसास हुआ। यह एक सुरक्षा कवच पाने जैसा था। इस तरह का कानूनी उपकरण केवल शारीरिक सुरक्षा के बारे में नहीं है; यह बिना किसी डर के जीने के आपके अधिकार का प्रतीक है। इसी तरह, उत्पीड़न और पीछा करने के खिलाफ़ कानून हैं जो पीड़ितों को सशक्त बनाते हैं और यह सुनिश्चित करने में मदद करते हैं कि दुर्व्यवहार करने वालों को जवाबदेह ठहराया जाए। यह एक अनुस्मारक के रूप में कार्य करता है कि हम अपनी लड़ाई में अकेले नहीं हैं, और हमारी सहायता के लिए तैयार सिस्टम मौजूद हैं।

कानूनी व्यवस्था में आगे बढ़ना मुश्किल लग सकता है, लेकिन यह जानना कि आप इस रास्ते पर चलने वाले पहले व्यक्ति नहीं हैं, मददगार साबित होता है। अगर आपको कभी न्याय की ज़रूरत पड़े, तो इसे चरणबद्ध तरीके से करने से बहुत फ़र्क पड़ सकता है। सबूत इकट्ठा करके शुरू करें—

सभी घटनाओं का दस्तावेज़ीकरण करें, एक डायरी रखें, संदेश सहेजें और ज़रूरत पड़ने पर फ़ोटो लें। रिपोर्ट दर्ज करते समय यह दस्तावेज़ीकरण अविश्वसनीय रूप से उपयोगी हो सकता है। उसके बाद, दुर्व्यवहार के मामलों में विशेषज्ञता रखने वाले स्थानीय संगठनों या हेल्पलाइन से संपर्क करने पर विचार करें; वे अक्सर पूरी प्रक्रिया के दौरान अमूल्य मार्गदर्शन प्रदान करते हैं। उदाहरण के लिए, मेरी एक परिचित युवती ने ठीक यही कदम उठाया। अपने सबूत इकट्ठा करने के बाद, उसने एक स्थानीय वकालत समूह से संपर्क किया जिसने उसे सुरक्षात्मक आदेश दाखिल करने में मदद की और उसे एक कानूनी सहायता वकील से मिलवाया। उसने हर मोड़ पर सशक्त महसूस किया और आत्मविश्वास हासिल किया क्योंकि उसे एहसास हुआ कि उसकी आवाज़ मायने रखती है। याद रखें कि आपको न्याय मांगने का पूरा अधिकार है, और यह आपके जीवन को ठीक करने और वापस पाने की दिशा में एक कदम हो सकता है। अगर आप कभी खुद को संदेह में पाते हैं, तो खुद को याद दिलाएँ कि कानूनी व्यवस्था आपकी सेवा के लिए है। हर साहसी कदम सिर्फ़ आपके लिए नहीं है, बल्कि हर उस व्यक्ति के लिए है जो चुप्पी में फंसा हुआ महसूस करता है।

अपने अधिकारों के बारे में जानकारी रखना भी सहायक हो सकता है। युवा महिलाओं को दुर्व्यवहार के विरुद्ध उनके कानूनी अधिकारों के बारे में शिक्षित करने के उद्देश्य से

कार्यशालाओं या सामुदायिक कार्यक्रमों जैसे संसाधनों का लाभ उठाएँ। जवाबी कार्रवाई में ज्ञान आपका सबसे बड़ा सहयोगी हो सकता है। कई स्थानीय संगठन मुफ़्त संसाधन प्रदान करते हैं या आपको कानूनी सहायता की दिशा में मार्गदर्शन कर सकते हैं। यदि आप कभी भी अभिभूत महसूस करते हैं, तो याद रखें कि सहायता माँगना कोई कमज़ोरी नहीं है; यह बहादुरी का कार्य है। अपने आप को एक सहायता प्रणाली से घेरें - मित्र, परिवार, या परामर्शदाता जो इस यात्रा में आपका साथ दे सकें। यह सब एक समय में एक कदम उठाने के बारे में है, जबकि यह जानते हुए कि आपको इस रास्ते पर अकेले नहीं चलना है। आपका अनुभव मायने रखता है, और अपने लिए खड़े होने और अपने अधिकारों का दावा करने के लिए बहुत साहस की आवश्यकता होती है।

5.3 सहायता और शिक्षा के लिए संसाधन

स्थानीय और ऑनलाइन संसाधन ढूँढना मुश्किल लग सकता है, लेकिन मैं आपसे वादा करता हूँ, ये उपकरण जीवन बदल सकते हैं। कल्पना करें कि आप अपने शहर में घूम रहे हैं और एक सामुदायिक केंद्र की खोज कर रहे हैं जो सिर्फ़ लड़कियों के लिए कार्यशालाएँ प्रदान करता है। वहाँ, आप कोडिंग से लेकर आत्मरक्षा तक सब कुछ सीख सकते हैं। ये स्थान आपको सशक्त बनाने के लिए डिज़ाइन किए गए हैं, ताकि

आप अपने जैसे सोच वाले लोगों से घिरे रहें जो आपके जुनून और प्रेरणा को साझा करते हैं। ऑनलाइन, संसाधन बस एक क्लिक दूर हैं। गर्ल्स हू कोड और शी लीड्स जैसी वेबसाइटें आपके लिविंग रूम से ही ढेर सारी जानकारी और पाठ्यक्रम उपलब्ध कराती हैं। सोशल मीडिया प्लेटफ़ॉर्म भी प्रेरक हस्तियों से भरे पड़े हैं जो अपनी यात्राएँ, सुझाव और सलाह साझा करते हैं। इन प्लेटफ़ॉर्म पर जाने में संकोच न करें; वे आपका वर्चुअल सपोर्ट नेटवर्क बन सकते हैं, जो आपको उन चुनौतियों से निपटने में मदद कर सकते हैं जिनका आप सामना कर सकते हैं।

व्यक्तिगत संसाधन सूची बनाना सबसे सक्रिय कदमों में से एक है जो आप उठा सकते हैं। इसे अपने लक्ष्यों की यात्रा पर अपने खजाने के नक्शे के रूप में सोचें। उन स्थानीय संगठनों को नोट करके शुरू करें जो आपके जुनून को प्रज्वलित करते हैं। हो सकता है कि कोई मेंटरशिप प्रोग्राम हो जो युवा महिलाओं को विभिन्न उद्योगों में प्रेरक नेताओं से मिलाता हो। उन ऑनलाइन प्लेटफ़ॉर्म को लिखें जो आपको ऐसे कोर्स ऑफ़र करते हैं जिन्हें आप करना चाहते हैं, या वे ब्लॉग जिन्हें आप भावनात्मक समर्थन के लिए देखते हैं। इस सूची को अपने फ़ोन या नोटबुक में रखें और इसे नियमित रूप से अपडेट करें। जब भी आपको अनिश्चितता महसूस हो, तो आप इस सूची तक पहुँच सकते हैं और यह जानकर आश्वस्त हो सकते हैं कि आपकी उंगलियों पर समर्थन है।

यह व्यक्तिगत संसाधन सूची आपके लिए उपलब्ध शक्तिशाली संसाधनों की याद दिलाती है, जो आपको कठिन क्षणों या अनिर्णय से आत्मविश्वास के साथ निपटने में मदद करती है।

जब भी आप खुद को मार्गदर्शन या प्रेरणा की तलाश में पाते हैं, तो याद रखें कि मदद हमेशा आपके आस-पास ही होती है। अपनी संसाधन सूची का उपयोग न केवल एक निर्देशिका के रूप में करें, बल्कि प्रेरणा के स्रोत के रूप में भी करें। आपके द्वारा सूचीबद्ध नामों और संगठनों पर फिर से विचार करें और उनसे जुड़ने की दिशा में एक कदम बढ़ाएँ। चाहे वह कार्यशाला में भाग लेना हो या सलाह के लिए आगे बढ़ना हो, हर कदम मायने रखता है। आप इस यात्रा में अकेले नहीं हैं, और आपके पास ऐसे संसाधन होने से, जिन पर आप भरोसा कर सकते हैं, आपका आत्मविश्वास बढ़ेगा। कभी-कभी, जब आपको किसी उत्साहवर्धक बातचीत या उत्तर की आवश्यकता होती है, तो यह जानना कि कहाँ जाना है, उन बाधाओं को पार करने की कुंजी हो सकती है जो दुर्गम लगती हैं। अपना नक्शा बनाते रहें, खोज करते रहें, और उपलब्ध सहायता को अपनाते रहें। दुनिया अवसरों से भरी पड़ी है, जिन्हें आप भुनाने के लिए इंतज़ार कर रहे हैं।

अध्याय 6. आत्मरक्षा तकनीक

6.1 शारीरिक आत्मरक्षा की मूल बातें

बुनियादी आत्मरक्षा चालें सीखना आपको उन तरीकों से सशक्त बना सकता है जिनके बारे में आपने कभी सोचा भी नहीं होगा। जब मैंने पहली बार अपनी आत्मरक्षा कक्षा के लिए मैट पर कदम रखा, तो मैं घबराई हुई थी, लेकिन दृढ़ निश्चयी थी। प्रशिक्षक, एक मजबूत महिला जिसकी उपस्थिति स्पष्ट थी, ने हमें खुद को बचाने के लिए सरल लेकिन प्रभावी तकनीकें सिखाईं। मैंने जो पहली चालें सीखीं, उनमें से एक यह थी कि किसी के द्वारा मेरी कलाई पकड़ने से कैसे मुक्त हुआ जाए। मुझे एहसास हुआ कि मुड़ना और भागना कितना आसान था, और उस ज्ञान ने मेरे भीतर कुछ बदल दिया। बस उस छोटे से पैंतरेबाज़ी ने मुझे अपनी सुरक्षा पर नियंत्रण का एहसास दिलाया। जब आप इन चालों का अभ्यास करते हैं, तो अपने आप को याद दिलाएँ कि आप जो भी तकनीक सीखते हैं, वह अधिक आत्मविश्वास और स्वतंत्रता की ओर एक कदम है। अपने आस-पास के बारे में जागरूक होना उतना ही महत्वपूर्ण है जितना कि खुद को शारीरिक रूप से सुरक्षित रखना जानना।

एक बार जब आप इन चालों को सीख लेते हैं, तो इनका नियमित अभ्यास आपके कौशल को मजबूत करने में मदद करेगा। दोहराव से मांसपेशियों की याददाश्त मजबूत होती

है, और मांसपेशियों की याददाश्त का मतलब है कि आपको खतरे के समय दो बार नहीं सोचना पड़ेगा। अपनी यात्रा में, मैंने पाया कि साप्ताहिक अभ्यास के बाद, मैं सहज रूप से तकनीकों का प्रदर्शन कर सकता हूँ। मुझे याद है कि एक रात मैं अकेले घर लौटते समय डर गया था, लेकिन मुझे अपना प्रशिक्षण याद आ गया। घबराहट के बजाय, मुझे लगा कि मेरे ऊपर एक शांत आत्मविश्वास हावी हो गया है। जितना अधिक मैंने अभ्यास किया, मैं अपनी हरकतों में उतना ही सहज होता गया, यहाँ तक कि मैं अपनी दैनिक दिनचर्या के दौरान परिदृश्यों की कल्पना करने लगा, यह सोचते हुए कि मैं कैसे प्रतिक्रिया दूंगा। यह सब उस त्वरित प्रतिक्रिया को बनाने के बारे में है जो वास्तव में महत्वपूर्ण होने पर काम करती है, जिससे आप प्रभावी रूप से और दृढ़ता से अपना बचाव कर सकते हैं।

जब आप इन शारीरिक आत्मरक्षा मूल बातों में गोता लगाते हैं, तो लचीलेपन के महत्व को ध्यान में रखें। यह सिर्फ़ इस बारे में नहीं है कि आप अपने शरीर में कितने मज़बूत हैं, बल्कि यह भी कि आपकी आत्मा कितनी अडिग हो सकती है। रास्ते में छोटी-छोटी जीत का जश्न मनाएँ - चाहे वह किसी नए मूव में महारत हासिल करना हो या फिर सिर्फ़ एक और हफ़्ते अभ्यास करने के लिए आना हो। अपने आप को साथी छात्रों के एक सहायक समुदाय के साथ घेरना भी आपके प्रशिक्षण को बढ़ा सकता है; साथ मिलकर, आप

एक-दूसरे को ऐसे तरीकों से सशक्त बना सकते हैं जो मज़बूती के बंधन बनाते हैं। बस याद रखें, आत्मरक्षा सिर्फ़ मूव्स का एक सेट नहीं है; यह उस मानसिकता के बारे में भी है कि आप अपने रास्ते में आने वाली किसी भी चुनौती का सामना कर सकते हैं। अगली बार जब आप अभ्यास करें, तो यह जानते हुए करें कि आप सिर्फ़ तकनीक नहीं सीख रहे हैं, आप आत्मविश्वास का निर्माण कर रहे हैं जो मैट से कहीं आगे तक जाएगा।

6.2 मानसिक रणनीतियाँ: दबाव में शांत रहना

जब हम तीव्र परिस्थितियों का सामना करते हैं, तो हमारा मन अराजकता में फंस सकता है, अगर हम उन्हें ऐसा करने दें। हालाँकि, कुछ मानसिक अभ्यासों को विकसित करने से तूफान के बीच भी स्पष्टता का माहौल बन सकता है। मुझे एक समय याद है जब मैं स्कूल में एक बड़ी प्रस्तुति की तैयारी कर रहा था। पिछली रात, मुझे चिंता की जानी-पहचानी लहरें महसूस हुईं , जो मेरे आत्मविश्वास को डुबाने की धमकी दे रही थीं। उन भावनाओं को हावी होने देने के बजाय, मैंने अपनी आँखें बंद कर लीं और अपनी सांसों पर ध्यान केंद्रित किया। मैंने प्रत्येक सांस को एक लहर के रूप में देखना शुरू कर दिया, जो मेरी चिंताओं को धो रही थी। अपनी सांसों पर ध्यान केंद्रित करने के इस सरल कार्य ने मुझे अपना आत्म-बोध वापस पाने और यह महसूस करने में

मदद की कि मैं आने वाली चीज़ों के लिए तैयार था। माइंडफुलनेस जैसी ग्राउंडिंग तकनीकों का अभ्यास करके, मैंने खुद को वर्तमान क्षण में स्थिर करना सीखा। चाहे वह दस से उल्टी गिनती हो या आसमान में बादलों की तरह नकारात्मक विचारों को दूर भगाना हो, ये मानसिक अभ्यास ऐसे उपकरण हैं जिनका उपयोग हम सभी दबाव के माध्यम से सांस लेने और स्पष्टता पाने के लिए कर सकते हैं।

विज़ुअलाइज़ेशन एक और शक्तिशाली रणनीति है जो हमारे दिमाग को संभावित खतरों के लिए तैयार कर सकती है। यह एक मानसिक फिल्म बनाने जैसा है जिसमें हम सितारे हैं। अपने पहले बास्केटबॉल खेल से पहले, मैं अक्सर एक शांत कोने में बैठती थी, खुद को हूप मारते हुए, आत्मविश्वास से ड्रिबलिंग करते हुए और अपने साथियों की जय-जयकार सुनते हुए कल्पना करती थी। इन परिदृश्यों की कल्पना करने से मुझे उस दबाव के साथ अधिक सहज महसूस हुआ जिसका मैं सामना करूँगी। मुझे विश्वास होने लगा कि मैं खेल की अप्रत्याशितताओं से निपट सकती हूँ। जब हम खुद को अपनी चुनौतियों पर काबू पाते हुए देखते हैं - चाहे वह अजनबियों से भरे कमरे में चलना हो या किसी कठिन परीक्षा का सामना करना हो - तो हम अपने दिमाग को सफलता के लिए तैयार करना शुरू कर देते हैं। यह हमारे पेट में होने वाली उस जकड़न से लड़ने में मदद करता है और डर को उत्साह में बदल देता है। यह बदलाव किसी भी लड़की या

युवा महिला के लिए अविश्वसनीय रूप से सशक्त है जो उस दबाव को महसूस करती है जो उस पर भारी पड़ रहा है। सफलता की कल्पना करके और सकारात्मक परिणामों का अभ्यास करके, हम खुद को बता रहे हैं कि हम जो भी हमारे रास्ते में आता है उसे संभाल सकते हैं।

याद रखें, दबाव में शांत रहना निडर होने के बारे में नहीं है; यह एक ऐसी मानसिकता विकसित करने के बारे में है जो सबसे ज़्यादा ज़रूरत पड़ने पर साहस को अपनाती है। मानसिक रणनीतियों को समय के साथ विकसित किया जा सकता है, किसी भी अन्य कौशल की तरह। हम सभी शांत करने वाली तकनीकों और विज़ुअलाइज़ेशन का अपना शस्त्रागार बना सकते हैं। इसलिए, अगली बार जब आप खुद को उच्च दबाव वाली स्थिति में पाएं, तो गहरी सांस लें, अपनी सफलता की कल्पना करें और उस पल को नेविगेट करने की अपनी क्षमता पर भरोसा करें। इस तरह की तैयारी ही हमें अपने डर को कदमों में बदलने की शक्ति देती है, जो हमें हमारे सपनों और आकांक्षाओं की ओर ले जाती है।

6.3 टकराव से सुरक्षित बच निकलना

खतरनाक परिस्थितियों से खुद को कैसे दूर रखना है, यह सीखना आपको भारी लग सकता है, लेकिन अभ्यास और सही रणनीतियों के साथ, यह आपकी आदत बन सकती है। कल्पना करें कि आप किसी ऐसी पार्टी में जा रहे हैं जहाँ

चीजें बढ़ने लगती हैं। हो सकता है कि कोई व्यक्ति अत्यधिक आक्रामक दिखाई दे या दोस्तों के बीच तनावपूर्ण बहस हो। ऐसे क्षणों में, यह पहचानना ज़रूरी है कि आपकी सुरक्षा सबसे पहले है। एक शक्तिशाली तकनीक किसी भी नई स्थिति में प्रवेश करने से पहले एक निकास रणनीति बनाना है। इसका मतलब है कि हमेशा यह जानना कि निकटतम निकास कहाँ हैं और उनकी ओर बढ़ने की अपनी क्षमता में आश्वस्त महसूस करना। यदि आप कभी असहज महसूस करते हैं, तो आप एक पल के लिए खुद को माफ़ कर सकते हैं, शायद कुछ ताज़ी हवा लेने के लिए, जबकि अपने वास्तविक निकास की योजना बनाते हुए। अपनी प्रवृत्ति पर भरोसा करें। अगर कुछ गलत लगता है, तो संकोच न करें - इसे छोड़ने के लिए अपने संकेत के रूप में उपयोग करें।

परिस्थितिजन्य अभ्यासों का अभ्यास वास्तविक जीवन के परिदृश्यों के प्रति आपकी प्रतिक्रिया को प्रभावी ढंग से सुदृढ़ कर सकता है। दोस्तों के साथ रोल-प्लेइंग की एक मजेदार रात के लिए एक साथ मिलने की कल्पना करें, जहाँ प्रत्येक व्यक्ति संभावित 'समस्या पैदा करने वाले' की भूमिका निभाता है। यह सुरक्षित स्थान आपको असहज स्थितियों से निपटने के विभिन्न तरीकों का पता लगाने की अनुमति देता है। इस समय का उपयोग अपने मौखिक और गैर-मौखिक संकेतों पर काम करने के लिए करें। दृढ़ता से लेकिन विनम्रता से 'नहीं' कहने का अभ्यास करें, या अपने माता-पिता

या किसी मित्र से संपर्क करने की आवश्यकता जैसे आकस्मिक निकास लाइन का अभ्यास करें। इन अभ्यासों को करने से, आप इस बारे में मांसपेशियों की स्मृति बनाते हैं कि टकराव की स्थिति में आपको क्या करना चाहिए। यह सब इन प्रतिक्रियाओं को सहज बनाने के बारे में है, ताकि वे स्वाभाविक रूप से तब आएं जब इसकी सबसे अधिक आवश्यकता हो। जरा सोचिए, आप जितना अधिक तैयार महसूस करेंगे, आप उन क्षणों में उतने ही अधिक सशक्त होंगे।

हमेशा अपने आस-पास और अपने आस-पास के लोगों के प्रति सचेत रहें। आत्मविश्वास से भरी मुद्रा बनाए रखना उन लोगों के लिए एक निवारक के रूप में कार्य कर सकता है जो आपसे भिड़ना चाहते हैं। आत्मरक्षा कक्षाओं में भाग लेने से न केवल विशिष्ट तकनीक सीखने में मदद मिल सकती है, बल्कि आपका आत्मविश्वास और जागरूकता भी बढ़ती है। याद रखें, आपका अंतर्ज्ञान आपका सबसे अच्छा सहयोगी है। अगर कोई स्थिति ठीक नहीं लगती है, तो वहाँ से चले जाना ठीक है। यह आपकी सुरक्षा और भलाई को किसी भी चीज़ से ऊपर प्राथमिकता देने के बारे में है। खुद पर भरोसा रखें और खुद को तैयार करें; अंततः, टकराव से निपटना न केवल आसान हो जाएगा, बल्कि आप अन्य लड़कियों और युवा महिलाओं को भी ऐसा करने के लिए प्रेरित करने के लिए तैयार भी होंगे।

अध्याय 7. सुरक्षा योजना बनाना

7.1 सुरक्षित स्थानों की पहचान

उन क्षेत्रों को चिन्हित करना जहाँ आप सुरक्षित महसूस करते हैं, आपके दैनिक जीवन के प्रति दृष्टिकोण में एक बड़ा परिवर्तन ला सकता है। यह आराम और सहायता का एक व्यक्तिगत मानचित्र बनाने जैसा है। उस समय के बारे में सोचें जब आप किसी ऐसी स्थिति में थे जिसने आपको असहज कर दिया था। हो सकता है कि यह आपके पड़ोस में टहलने के दौरान या किसी नए कार्यक्रम में हुआ हो। अब, उन जगहों के बारे में सोचें जहाँ आपने सहज महसूस किया था - शायद वह आरामदायक कॉफ़ी शॉप थी जहाँ बरिस्ता आपका नाम जानता हो या दोस्ताना जॉगर्स वाला पार्क। ये जगहें आपको सांत्वना और सुरक्षा की भावना प्रदान कर सकती हैं। जब आप इन सुरक्षित क्षेत्रों की पहचान करते हैं, तो आप एक मानसिक सहारा, एक शरणस्थली बनाते हैं जहाँ अनिश्चितताओं के समय जाया जा सकता है। इससे भी महत्वपूर्ण बात यह है कि ये पहचाने गए स्थान आपातकालीन स्थितियों में संसाधन के रूप में काम आ सकते हैं। उदाहरण के लिए, यह जानना कि पास की लाइब्रेरी में दोस्ताना कर्मचारी हैं जो आपकी सहायता कर सकते हैं या सामुदायिक केंद्र में ऐसे लोग हैं जिन पर आप भरोसा कर सकते हैं, जब आपको मदद की ज़रूरत हो या

बस किसी से बात करने की ज़रूरत हो, तो यह बहुत बड़ा अंतर पैदा कर सकता है।

किसी भी वातावरण में निकास और विकल्पों को जानने के महत्व पर जितना ज़ोर दिया जाए, उतना कम है। खुद को किसी भीड़-भाड़ वाली जगह पर कल्पना करें, और अचानक, माहौल बदल जाता है। अपने आस-पास के माहौल को कैसे नेविगेट करना है, इसका मानसिक नक्शा होना आपको सशक्त बनाता है। उस पल में, निकास कहाँ हैं, इसकी स्पष्ट दृष्टि घबराहट की भावनाओं को कम कर सकती है। स्कूल के ऑडिटोरियम, किराने की दुकान या यहाँ तक कि किसी मित्र के घर में भी ऐसे रास्ते होते हैं, जो अक्सर तब तक किसी का ध्यान नहीं जाते, जब तक कि उनकी ज़रूरत न हो। इन रास्तों को पहचानने से आपको तेज़ी से और आत्मविश्वास से काम करने की क्षमता मिलती है, जो न केवल शारीरिक सुरक्षा प्रदान करता है, बल्कि मन की शांति भी देता है। जब भी आप किसी नई जगह पर कदम रखते हैं, तो अपने आस-पास के माहौल को देखने के लिए कुछ समय निकालें। परिचित स्थलों, आपातकालीन निकासों और स्वागत करने वाले स्थानों की तलाश करें। यह सरल अभ्यास न केवल आपको बल्कि आपके मित्रों और परिवार को भी लाभ पहुँचाता है, क्योंकि आप उन्हें भी मार्गदर्शन दे सकते हैं, जिससे सुरक्षा का समुदाय विकसित होता है। यह जानना कि आपके पास विकल्प हैं, आपको शक्ति देता है, और यह

एक अमूल्य उपकरण है जिसे कोई भी व्यक्ति सीख सकता है।

अंततः, सुरक्षित स्थानों की पहचान करना और अपने विकल्पों को जानना लचीलेपन के लिए एक शक्तिशाली आधार बनाता है। ये कौशल जीवन की अनिश्चितताओं को प्रबंधनीय स्थितियों में बदल सकते हैं। अगली बार जब आप किसी नए वातावरण में हों, तो सांस लेने के लिए कुछ समय निकालें, चारों ओर देखें और अपने सुरक्षित स्थानों को स्थापित करें। याद रखें, सुरक्षा केवल भौतिक स्थानों के बारे में नहीं है; यह समर्थन, परिचितता और आत्मविश्वास का एक नेटवर्क बनाने के बारे में है। इस मानसिक चेकलिस्ट को संभाल कर रखें: परिचितता की तलाश करें, अपना नक्शा बनाएँ और दोस्तों के साथ ज्ञान साझा करें। इस तरह हम अपने जैसी युवा महिलाओं के बीच जागरूकता और सशक्तिकरण की संस्कृति विकसित करते हैं।

7.2 सहायता नेटवर्क का निर्माण

दोस्तों और परिवार के साथ संबंध बनाना बहुत ज़रूरी है। मुझे याद है कि जब मैं स्कूल और निजी जीवन के दबावों से जूझ रहा था, तो मेरा परिवार मेरा सहारा बन गया। उन्होंने मेरे डर को सुना, मेरी सफलताओं का जश्न मनाया और मुझे याद दिलाया कि मैं कभी अकेला नहीं था। मेरी बहन के साथ देर रात की दिल की बातें या मेरी माँ के साथ कॉफी की

साधारण डेट, हमेशा मेरी आत्मा को तरोताज़ा कर देती थीं। एक विश्वसनीय सहायता प्रणाली विकसित करना सिर्फ़ लोगों के आस-पास होने के बारे में नहीं है; यह सार्थक संबंधों को बढ़ावा देने के बारे में है जो मुश्किल समय में आपको ऊपर उठाते हैं। बंधन के अवसर बनाएँ, चाहे पारिवारिक गेम नाइट्स के माध्यम से या दोस्तों के साथ सहज सैर के माध्यम से। ये संबंध आपको आपकी योग्यता और क्षमता की याद दिलाएंगे।

मार्गदर्शन के लिए सलाहकारों या पेशेवरों की पहचान करना परिवर्तनकारी हो सकता है। मुझे वह दिन अच्छी तरह याद है जब मैंने इंटर्नशिप के दौरान अपने क्षेत्र की एक महिला से संपर्क किया था। मैंने दूर से ही उसके काम की प्रशंसा की थी, और उसे ईमेल भेजने के लिए हिम्मत की ज़रूरत थी। वह एक सलाहकार बन गई जिसने करियर की चुनौतियों से निपटने के बारे में अमूल्य जानकारी साझा की। किसी ऐसे व्यक्ति की तलाश करें जिसकी यात्रा आपको प्रेरित करती हो, चाहे वह शिक्षक हो, पारिवारिक मित्र हो या आपके पसंदीदा पेशे का कोई व्यक्ति हो। संपर्क करने में संकोच न करें; ज़्यादातर लोग अपना ज्ञान और अनुभव साझा करने में खुश होते हैं। मेंटरशिप स्थापित करने से आपको मार्गदर्शन और प्रोत्साहन दोनों मिल सकते हैं, जिससे आपको अपने सपनों को पूरा करने का आत्मविश्वास मिलता है।

सहायता नेटवर्क बनाना एक ऐसी यात्रा है जिसके लिए इरादे और खुलेपन की आवश्यकता होती है। यह एक-दूसरे के लिए जगह बनाने, अनुभव साझा करने और एक-दूसरे को आगे बढ़ाने के बारे में है। मदद या सलाह मांगने की शक्ति को कम मत समझिए। चाहे वह छोटी चिंता हो या बड़ा फैसला, अपने विचार साझा करने से बोझ हल्का हो सकता है। याद रखें, आप अपनी यात्रा में कभी अकेले नहीं होते। प्रत्येक कनेक्शन, प्रत्येक सलाहकार, और इन संबंधों को बनाने में बिताए गए सभी क्षण आपको नए अवसरों की ओर ले जा सकते हैं और आपको आगे आने वाली हर चीज का सामना करने के लिए सशक्त बना सकते हैं। एक छलांग लगाइए और आगे बढ़िए—आप इससे केवल आगे बढ़ सकते हैं।

7.3 परिस्थितिजन्य जागरूकता का अभ्यास करना

अपने आस-पास के बारे में जागरूकता विकसित करना सबसे सशक्त कौशलों में से एक है जिसे आप विकसित कर सकते हैं। कल्पना करें: मैं एक दोपहर स्कूल से घर लौट रहा था, आने वाली प्रस्तुति के बारे में अपने विचारों में खोया हुआ था। अचानक, मैंने देखा कि लोगों का एक समूह इकट्ठा हो गया है, फुसफुसा रहा है और चिंतित दिख रहा है। इसके बारे में सोचे बिना, मैंने अपना ध्यान बदल दिया और अपने आस-पास के माहौल को देखा। जागरूकता के उस पल ने मुझे

एक ऐसी स्थिति से बचने की अनुमति दी जो असहज हो सकती थी। जब आप अपने आस-पास के लोगों, हरकतों और यहाँ तक कि अपने आस-पास के माहौल का सक्रिय रूप से निरीक्षण करते हैं, तो संभावित खतरे का अनुमान लगाना और उससे बचना आसान हो जाता है। यह आपके दिमाग को यह देखने के लिए प्रशिक्षित करने के बारे में है कि दूसरे क्या अनदेखा कर सकते हैं। याद रखें कि आपकी सहज प्रवृत्ति शक्तिशाली है। वे आपको अपना रास्ता बदलने या कुछ गलत होने पर एक अलग दृष्टिकोण अपनाने का संकेत दे सकते हैं।

जैसे-जैसे आप अपने दैनिक जीवन में परिस्थितिजन्य जागरूकता और माइंडफुलनेस को शामिल करेंगे, चुनौतियाँ कम कठिन लगेंगी। जितना अधिक आप अभ्यास करेंगे, आप अपने आस-पास की दुनिया में नेविगेट करने में उतने ही कुशल बनेंगे। जब भी आप अभिभूत या अनिश्चित महसूस करें, तो सांस लेने और निरीक्षण करने के लिए एक पल लें। अपनी परिस्थितिजन्य जागरूकता को बढ़ाने के लिए एक व्यावहारिक सुझाव एक सरल आदत बनाना है: हर बार जब आप किसी नई जगह में प्रवेश करते हैं, तो उस क्षेत्र को स्कैन करने के लिए कुछ सेकंड का समय लें। बाहर निकलने के रास्ते, अपने आस-पास के लोगों और किसी भी ऐसी वस्तु या स्थिति पर ध्यान दें जो असामान्य लग सकती है। यह छोटा

सा कार्य सतर्कता की आदत विकसित कर सकता है जो आपकी सुरक्षा और आत्मविश्वास को काफी हद तक बढ़ाता है। आपकी सुरक्षा सर्वोपरि है, और इन कौशलों को निखारने से आप जीवन में कैसे आगे बढ़ते हैं, इसमें बहुत अंतर आ सकता है।

अध्याय 8. सहायता प्रणालियों का महत्व

8.1 भरोसेमंद मित्र और सहयोगी ढूँढना

सहायक मित्रों की पहचान करना एक विशाल महासागर में छिपे हुए रत्नों को खोजने जैसा है। सहायक मित्र कई प्रकार के गुण प्रदर्शित करते हैं जो उन्हें हमारे सबसे कठिन क्षणों के दौरान विश्वसनीय बनाते हैं। वे सहानुभूतिपूर्ण श्रोता होते हैं, जो बिना किसी निर्णय के हमारी चिंताओं को सुनने के लिए हमेशा तैयार रहते हैं। मुझे वह समय याद है जब मुझे एक अप्रत्याशित झटका लगा था। मेरी सबसे करीबी दोस्त घंटों मेरे साथ बैठी रही, उसने मुझे अपना पूरा ध्यान दिया। उसने सब कुछ ठीक करने की कोशिश नहीं की; इसके बजाय, उसने बस सुनी। उसकी उपस्थिति ने ही मुझे याद दिलाया कि मैं अकेला नहीं था। भरोसेमंद दोस्त वफ़ादारी भी प्रदर्शित करते हैं; वे हमारे साथ खड़े होते हैं, तब भी हमारा बचाव करते हैं जब हम लड़खड़ाते हैं। उनकी सकारात्मकता हमें फिर से उठने के लिए प्रोत्साहित करती है, अंधेरे समय के दौरान रास्ता रोशन करती है। सहायक मित्रों की गर्मजोशी और दयालुता अक्सर एक आरामदायक आलिंगन की तरह महसूस हो सकती है जो हमें उदास होने पर उत्साहित करती है।

विश्वास और सम्मान पर आधारित रिश्तों का निर्माण और पोषण करना आवश्यक है। मैंने सीखा है कि यह वास्तविक होने से शुरू होता है। अपनी खुद की कमज़ोरियों को साझा करना दूसरों को भी ऐसा करने के लिए प्रोत्साहित कर सकता है; यह वह पुल है जो दिलों को जोड़ता है। आपसी समझ और सम्मान के माध्यम से समय के साथ विश्वास का निर्माण होता है। उदाहरण के लिए, मेरा एक दोस्त था जिसकी आदत थी कि वह आखिरी समय में योजनाएँ रद्द कर देता था। यह निराशाजनक था, लेकिन इसे हमारी दोस्ती पर नकारात्मक प्रभाव डालने देने के बजाय, मैंने खुलकर संवाद करने का विकल्प चुना कि इससे मुझे कैसा महसूस हुआ। इस ईमानदार बातचीत ने न केवल हमारे बंधन को मजबूत किया बल्कि उसे यह भी दिखाया कि मैं हमारे साथ बिताए समय को महत्व देता हूँ। सम्मान का मतलब एक-दूसरे की सफलताओं का जश्न मनाना भी है, चाहे वह कितनी भी छोटी क्यों न हो। जब हम एक-दूसरे का उत्साहवर्धन करते हैं, तो यह प्रोत्साहन का एक सकारात्मक चक्र बनाता है, जो हमें अपने सपनों को और अधिक आत्मविश्वास के साथ पूरा करने के लिए सशक्त बनाता है।

जब आप सार्थक मित्रता खोजने और उसे बढ़ावा देने की कोशिश करते हैं, तो अपनी प्रवृत्ति पर भरोसा करना याद रखें। उन लोगों के साथ समय बिताएं जो आपको ऊपर उठाते हैं, और अपने रिश्तों में खुद की वकालत करने से न डरें।

प्रामाणिक संबंध ऐसे माहौल में पनपते हैं जहाँ दोनों पक्षों को मूल्यवान और सुना हुआ महसूस होता है। एक साधारण दैनिक अभ्यास आपके रिश्तों को बेहतर बना सकता है: किसी मित्र को प्रशंसा या प्यार का संदेश दें। कृतज्ञता की आदत डालें; यह रिश्तों को मजबूत करता है और दिन को खुशनुमा बनाता है। आपके द्वारा साझा किए गए प्रत्येक दयालु शब्द के साथ, आप अपने आस-पास भरोसेमंद सहयोगियों के समुदाय का मार्ग प्रशस्त करते हैं।

8.2 व्यावसायिक संसाधनों का उपयोग

आघात से गुज़रने पर आप खोया हुआ महसूस कर सकते हैं, लेकिन विभिन्न प्रकार के पेशेवरों की खोज करना जो आपकी मदद कर सकते हैं, उपचार की ओर आपकी यात्रा में एक महत्वपूर्ण कदम है। ऐसे कई व्यक्ति हैं जो कठिन समय में लोगों का समर्थन करने में माहिर हैं। उदाहरण के लिए, विभिन्न तकनीकों में प्रशिक्षित चिकित्सक आपकी भावनाओं को समझने और उन्हें संसाधित करने में आपकी मदद कर सकते हैं। आप पा सकते हैं कि एक लाइसेंस प्राप्त परामर्शदाता बिना किसी निर्णय के अपने विचारों को साझा करने के लिए एक सुरक्षित स्थान प्रदान करता है। कभी-कभी, आप एक मनोवैज्ञानिक से बात करना पसंद कर सकते हैं, जो आपके भावनात्मक दर्द में योगदान देने वाले गहरे मुद्दों को उजागर करने में आपकी मदद कर सकता है। सामाजिक

कार्यकर्ता भी मूल्यवान संसाधन हैं; उनके पास अक्सर सामुदायिक संसाधनों की एक अनूठी समझ होती है जो आपके उपचार में सहायता कर सकती है। यहां तक कि प्रशिक्षित सुविधाकर्ताओं के नेतृत्व में सहकर्मी सहायता समूह आपको साझा अनुभव और समझ प्रदान कर सकते हैं जो आपको कम अकेला महसूस करा सकते हैं। इन पेशेवरों से मदद मांगना कठिन लग सकता है, लेकिन यह आपके जीवन को पुनः प्राप्त करने की दिशा में एक शक्तिशाली कदम है।

थेरेपी और काउंसलिंग के लाभों को समझना आपके उपचार की यात्रा के दौरान बहुत ज़रूरी है। थेरेपी एक मार्गदर्शक प्रकाश की तरह काम कर सकती है, जो आपको अपनी भावनाओं को समझने में मदद करती है और चुनौतियों से निपटने के लिए उपकरण प्रदान करती है। अपने अनुभव में, मैंने पाया कि एक काउंसलर के साथ अपनी कहानी साझा करने से मुझे लगा कि मेरी बात सुनी गई और मुझे मान्य किया गया; यह एक महत्वपूर्ण मोड़ था। उन्होंने ऐसी रणनीतियाँ बताईं जिनका उपयोग मैं रोज़ाना भारी भावनाओं को प्रबंधित करने के लिए कर सकता था। थेरेपी में सिर्फ़ बात करना ही शामिल नहीं है; इसमें पैटर्न की खोज करना, आत्म-पराजित विचारों को पहचानना और उन्हें स्वस्थ विचारों से बदलना सीखना शामिल है। काउंसलिंग व्यक्तिगत लक्ष्य निर्धारित करने और आत्म-करुणा सीखने

का एक अवसर है। यह आत्म-खोज का द्वार खोलता है, जिससे आप अपनी पहचान और शक्तियों को अपना सकते हैं जो आपके आघात के कारण दब गई होंगी। अपने दर्द को साझा करके, आप खुद को उसकी पकड़ से मुक्त करते हैं, आशा और लचीलापन प्रेरित करते हैं।

इस प्रक्रिया में यह जानना महत्वपूर्ण है कि मदद के लिए कब और कैसे पहुंचना है। बस याद रखें कि पेशेवर सहायता मांगना ताकत का संकेत है, कमजोरी का नहीं। यह आपके संघर्षों का सामना करने के आपके साहस और आपकी खुद की भलाई के प्रति प्रतिबद्धता की स्वीकृति है। यदि आप इस बारे में अनिश्चित हैं कि कहां से शुरू करें, तो परामर्श के माध्यम से आप क्या हासिल करना चाहते हैं, इस बारे में अपनी भावनाओं या प्रश्नों को लिखने पर विचार करें। यह स्पष्ट करने में मदद कर सकता है कि आप क्या चाहते हैं और पेशेवरों के साथ आपकी बातचीत को निर्देशित कर सकता है। मदद के लिए आगे बढ़ने का पहला कदम डराने वाला हो सकता है, लेकिन यह आपके उपचार और अपनी आवाज़ को पुनः प्राप्त करने की यात्रा की शुरुआत को चिह्नित करता है।

8.3 सामुदायिक समर्थन और सक्रियता

महिलाओं के अधिकारों की वकालत करने वाले स्थानीय संगठनों की खोज करना एक परिवर्तनकारी अनुभव हो

सकता है। मुझे याद है कि पहली बार मैंने एक स्थानीय महिला केंद्र में एक बैठक में भाग लिया था। जब महिलाओं ने संघर्ष और लचीलेपन की अपनी कहानियाँ साझा कीं, तो कमरे में ऊर्जा स्पष्ट रूप से देखी जा सकती थी। ये संगठन अक्सर सामुदायिक सहायता की रीढ़ होते हैं, जो कार्यशालाओं, सलाह कार्यक्रमों और कानूनी सहायता जैसे संसाधन प्रदान करते हैं। भाग लेने से, मैंने न केवल अपने अधिकारों के बारे में सीखा, बल्कि उन प्रेरक महिलाओं से भी जुड़ी जो हमारे समुदाय में कहानी बदल रही थीं। स्थानीय समूहों, जैसे कि महिला आश्रय, वकालत करने वाले संगठन और यहाँ तक कि जमीनी स्तर के आंदोलनों पर शोध करने से व्यक्तिगत विकास और सक्रियता के द्वार खुल सकते हैं। इनमें से कई समूह लगातार मदद की तलाश में रहते हैं, चाहे वह अपना समय स्वेच्छा से देना हो, कार्यक्रमों में भाग लेना हो या बस संदेश फैलाना हो। साथ मिलकर, हम एक-दूसरे का उत्थान कर सकते हैं और महिलाओं के अधिकारों की वकालत करने वाले समर्थन का एक मजबूत नेटवर्क बना सकते हैं।

सशक्तिकरण और सामाजिक बदलाव के लिए सामुदायिक पहलों में भागीदारी को प्रोत्साहित करना महत्वपूर्ण है। कार्यशाला में भाग लेना या स्वयंसेवा करना आपके भीतर सक्रियता के लिए जुनून जगा सकता है। मुझे समान वेतन के लिए एक स्थानीय रैली में भाग लेना याद है। इतने सारे

समान विचारधारा वाले व्यक्तियों से घिरे होने की भावना ने मुझे शक्ति और उद्देश्य की भावना दी। ये पहल केवल वकालत के बारे में नहीं हैं; वे समुदायों को एक साथ लाते हैं और अपनेपन की भावना पैदा करते हैं। आप उन पहलों में शामिल हो सकते हैं जो आपके लिए महत्वपूर्ण मुद्दों पर ध्यान केंद्रित करती हैं - चाहे वह पर्यावरण न्याय हो, स्वास्थ्य समानता हो या शिक्षा तक पहुँच हो। प्रत्येक छोटा कार्य, चाहे याचिका पर हस्ताक्षर करना हो, सोशल मीडिया पर साझा करना हो या किसी कार्यक्रम को आयोजित करने में मदद करना हो, एक बड़े आंदोलन में योगदान देता है। याद रखें, आपकी आवाज़ मायने रखती है। जब हम अपनी ताकत और जुनून को एकजुट करते हैं, तो हम सार्थक बदलाव ला सकते हैं और दूसरों को आंदोलन का हिस्सा बनने के लिए प्रेरित कर सकते हैं।

ऐसे सामुदायिक प्रोजेक्ट तलाशने पर विचार करें जो आपके लिए प्रासंगिक हों, और नेताओं या आयोजकों से संपर्क करने में संकोच न करें। आपका अनूठा दृष्टिकोण प्रभावित और प्रेरित कर सकता है। खड़े हो जाओ, बोलो और कार्रवाई करो। ऐसा करने से, आप न केवल खुद को सशक्त बनाते हैं बल्कि अपने आस-पास के लोगों का भी उत्थान करते हैं। हर प्रयास मायने रखता है, और साथ मिलकर, हम सभी महिलाओं के भविष्य को नया आकार दे सकते हैं।

अध्याय 9. आघात के बाद सामना करने के तरीके

9.1 रचनात्मक अभिव्यक्ति के माध्यम से उपचार

कला में ऐसी अनोखी क्षमता है जो हमें उन भावनाओं को संसाधित करने और व्यक्त करने में मदद करती है जो अक्सर भारी लग सकती हैं। मुझे याद है कि पहली बार मैंने मुश्किल समय में पेंटब्रश उठाया था। रंग का हर स्ट्रोक एक मुक्ति की तरह महसूस हुआ, मेरे अंदर घूम रही भावनाओं के उलझन को दूर करने का एक तरीका। अपने संघर्षों के बारे में बात करने के बजाय, जो कभी-कभी बहुत कमजोर या डराने वाले लगते थे, मैंने कुछ ठोस बनाने में सांत्वना पाई। इस अनुभव ने मेरी आँखें खोल दीं कि उपचार के लिए एक उपकरण के रूप में कला कितनी शक्तिशाली हो सकती है। इससे कोई फर्क नहीं पड़ता कि आप एक अनुभवी कलाकार हैं या आपने अपने जीवन में कभी कुछ नहीं बनाया है; बस अपनी भावनाओं को एक पृष्ठ पर प्रवाहित करने देना मुक्तिदायक हो सकता है। चाहे वह पेंटिंग, ड्राइंग, लेखन या संगीत के माध्यम से हो, रचनात्मक अभिव्यक्ति एक सुरक्षित स्थान प्रदान करती है जहाँ आप अपनी अंतरतम भावनाओं का सामना कर सकते हैं और उनका पता लगा सकते हैं।

सही रचनात्मक आउटलेट ढूँढना एक गहरी व्यक्तिगत यात्रा हो सकती है। मैं एक विशेष शिल्प चुनने के लिए दबाव महसूस करता था, सोचता था कि मुझे एक कौशल में निपुणता हासिल करनी है। हालाँकि, मैंने पाया कि अभिव्यक्ति के विभिन्न रूपों के साथ प्रयोग करने से उपचार के नए रास्ते खुलते हैं। जर्नलिंग मेरे विचारों के लिए एक अभयारण्य बन गया; पृष्ठ उन शब्दों से भरे हुए थे जिन्हें मैं ज़ोर से बोलने के लिए तैयार नहीं था। अपने कमरे में नाचना रोमांचकारी लगता था, उदासी के बोझ को सचमुच दूर करने का एक तरीका। मैंने फ़ोटोग्राफ़ी की कोशिश की, खूबसूरत पलों को कैद किया जिसने मुझे फिर से ज़िंदा महसूस कराया। बिना किसी निर्णय के खुद को खेलने और तलाशने की अनुमति देना महत्वपूर्ण है। चाहे वह दोपहर को मिट्टी की मूर्ति बनाना हो, गिटार बजाना हो या सुलेख का आनंद खोजना हो, अपने जीवन में इन गतिविधियों के लिए जगह बनाएँ। याद रखें, जो एक व्यक्ति के साथ प्रतिध्वनित होता है, वह आपके साथ प्रतिध्वनित नहीं हो सकता है, और यह बिल्कुल ठीक है।

अपनी रचनात्मक यात्रा को बढ़ाने के लिए एक व्यावहारिक सुझाव यह है कि हर हफ़्ते सिर्फ़ अपने चुने हुए आउटलेट के लिए समय निकालें। अपने लिए एक आकर्षक जगह बनाएँ, जहाँ कोई भी चीज़ विचलित न करे - मोमबत्ती जलाना, अपना पसंदीदा संगीत बजाना या खुद को प्रेरणादायी

तस्वीरों से घेरना मूड सेट करने में मदद कर सकता है। कुंजी निरंतरता है; जितना अधिक आप अपनी रचनात्मकता के साथ जुड़ेंगे, उतना ही आप पाएंगे कि यह उपचार और आत्म-खोज के लिए एक शक्तिशाली उपकरण बन जाता है। इसलिए उन पेंट्स, एक जर्नल या किसी भी ऐसी चीज़ को लें जो आपकी कल्पना को जगाती हो, और अपने दिल को अपने हाथों से बोलने दें।

9.2 माइंडफुलनेस और भावनात्मक विनियमन

माइंडफुलनेस तकनीक सीखने से मेरे दैनिक जीवन की उथल-पुथल से निपटने के तरीके में बहुत बड़ा बदलाव आया है। मुझे याद है कि एक धूप भरी दोपहर में मैं झील के किनारे बैठा था, हवा मेरे चारों ओर पत्तियों को धीरे-धीरे हिला रही थी। जैसे ही मैंने अपनी सांस पर ध्यान केंद्रित किया, मैं अपने आस-पास की आवाज़ों, गंधों और दृश्यों के बारे में गहराई से जागरूक हो गया। मैंने बिना किसी निर्णय के अपने विचारों का निरीक्षण करना सीखा, उन्हें आकाश में बादलों की तरह बहने दिया। जब मैं माइंडफुलनेस का अभ्यास करता हूँ, तो मैं खुद को पूरी तरह से मौजूद रहने देता हूँ, चाहे मैं एक कप चाय का आनंद ले रहा हूँ या दोस्तों के साथ बात कर रहा हूँ। यह ग्राउंडिंग अभ्यास तनाव या चिंता के क्षणों में मेरी शरण बन गया है। बस एक पल के लिए गहरी साँस लेना - साँस लेने और छोड़ने पर ध्यान केंद्रित करना - मेरे मूड में एक

उल्लेखनीय बदलाव ला सकता है। मैं आपको इन माइंडफुल तकनीकों को करने के लिए एक शांत जगह खोजने के लिए आमंत्रित करता हूँ। जितना अधिक आप अभ्यास करेंगे, उतना ही आप देखेंगे कि वर्तमान में रहना आपको जीवन के उतार-चढ़ाव को संभालने में कैसे मदद करता है।

भावनात्मक विनियमन शायद मेरे सफ़र में इस्तेमाल किए गए सबसे शक्तिशाली औज़ारों में से एक है। एक समय था जब मेरी भावनाएँ नियंत्रण से बाहर हो जाती थीं, ख़ास तौर पर तीव्र दबाव के क्षणों के दौरान। मुझे याद है कि गणित की परीक्षा के दौरान जब मैंने पहला प्रश्न ग़लत पढ़ा तो मैं फूट-फूट कर रोने लगी थी। घबराने के बजाय, मैंने रुकना सीखा, जो मैं महसूस कर रही थी उसे स्वीकार किया और सचेत रूप से यह चुना कि कैसे प्रतिक्रिया करनी है। अब, जब भी ऐसी प्रबल भावनाएँ उठती हैं, तो मैं खुद को याद दिलाती हूँ कि अभिभूत महसूस करना ठीक है, लेकिन अपनी प्रतिक्रियाओं को नियंत्रित करना भी महत्वपूर्ण है। गहरी साँस लेना, जर्नलिंग या यहाँ तक कि थोड़ी देर टहलना जैसी तकनीकें खुद को पुनः केंद्रित करने के लिए मेरी पसंदीदा रणनीतियाँ बन गई हैं। आत्म-करुणा का अभ्यास करके और अपनी भावनाओं के लिए जगह देकर, मैंने सबसे कठिन परिस्थितियों को भी शालीनता और आत्मविश्वास के साथ नेविगेट करना सीख लिया है।

संयोजन में, माइंडफुलनेस और भावनात्मक विनियमन एक सुंदर संतुलन बनाते हैं। जब भी मैं खुद को चिंतित या परेशान महसूस करता हूं, तो मैं खुद को शांत करने के लिए एक पल लेता हूं। यह आश्चर्यजनक है कि कैसे कुछ सचेत साँसें मेरे दृष्टिकोण को बदल सकती हैं। दोस्तों के साथ इन उपकरणों को साझा करना समान रूप से फायदेमंद रहा है, क्योंकि हम अपनी भावनाओं को नियंत्रित करने और वर्तमान में रहने में एक-दूसरे का समर्थन करते हैं। जैसे ही आप माइंडफुलनेस और भावनात्मक विनियमन की अपनी यात्रा शुरू करते हैं, याद रखें कि यह एक अभ्यास है। समय और धैर्य के साथ, आप भी शांत, स्पष्टता और सशक्तीकरण से भरा जीवन जी सकते हैं। जब जीवन भारी लगने लगे, तो बस रुकें, गहरी सांस लें और खुद को अपनी ताकत याद दिलाएँ। यह ऐसे क्षण हैं जब आपके पास अपनी कहानी को पुनर्निर्देशित करने की शक्ति होती है, यह सुनिश्चित करते हुए कि आप अपनी कहानी के लेखक बने रहें।

9.3 पेशेवर मदद लेना: कब और कैसे

किसी लड़की के जीवन में पेशेवर मदद लेने का समय पहचानना एक महत्वपूर्ण क्षण हो सकता है। मुझे याद है जब मैं स्कूल, दोस्ती और इन सबके बीच की हर चीज़ से अभिभूत महसूस कर रही थी। यह एक भारी बैग उठाने जैसा था जिसे मैं नीचे नहीं रख सकती थी। इसके संकेत थे: लगातार

थकान, छोटी-छोटी बातों पर आँसू आना और सीने में दर्द जो दूर नहीं होता था। मुझे यह समझने में थोड़ा समय लगा कि ये भावनाएँ ऐसी नहीं थीं जिन्हें मुझे अकेले ही संभालना था। हो सकता है कि आपने अपने पेट में तितलियाँ महसूस की हों जो दिन का सामना करने के बारे में सोचते ही गांठों में बदल गईं हों, या शायद आपने खुद को उन दोस्तों और गतिविधियों से दूर पाया हो जिन्हें आप कभी पसंद करती थीं। ये भावनात्मक संकेत संकेत हैं कि मदद माँगना सही कदम हो सकता है। सिर्फ़ गुज़ारा करने से ज़्यादा की चाहत होना ठीक है; वास्तव में पनपने के लिए सहायता माँगना ठीक है। वास्तविकता से दूर होना, नकारात्मक विचारों का निरंतर चक्र, या अकेलेपन की भावनाएँ संकेत दे सकती हैं कि कोई पेशेवर आपको वह मदद दे सकता है जिसकी आपको खुद को वापस खुशी की ओर ले जाने के लिए ज़रूरत है।

सही थेरेपिस्ट या काउंसलर ढूँढना मुश्किल लग सकता है, लेकिन यह एक ऐसी यात्रा है जो करने लायक है। इसे अपने जीवन में एक भरोसेमंद सहयोगी खोजने की खोज के रूप में सोचें। इस बात पर विचार करके शुरू करें कि आपको किस तरह का समर्थन सबसे अच्छा लगता है। क्या आप किसी ऐसे व्यक्ति को चाहते हैं जो चिंता, आत्म-सम्मान या शायद रिश्तों के मुद्दों में माहिर हो? अपनी प्राथमिकताओं को लिखना मददगार होता है ताकि आपको इस बात का स्पष्ट अंदाजा हो कि आपको क्या चाहिए। फिर, दोस्तों, परिवार

या यहाँ तक कि ऑनलाइन समुदायों से सुझाव इकट्ठा करें। उन लोगों से सुझाव माँगने में कोई शर्म नहीं है जो इसी तरह के रास्ते पर चले हैं। एक बार जब आपके पास कुछ नाम आ जाएँ, तो आगे बढ़ें और शुरुआती परामर्श का समय निर्धारित करें। यह डेट पर जाने जैसा ही है; आप किसी ऐसे व्यक्ति को ढूँढना चाहते हैं जिससे आप जुड़ सकें। इन मुलाकातों के दौरान, इस बात पर ध्यान दें कि आप कैसा महसूस करते हैं। क्या थेरेपिस्ट आपकी बात सुनता है और आपके अनुभवों को मान्य करता है? क्या आप अपने विचार साझा करने में सहज महसूस करते हैं? अपनी प्रवृत्ति पर भरोसा करें; आपको मार्गदर्शन करने वाले व्यक्ति के साथ सहज महसूस करना ज़रूरी है। याद रखें, जब तक आपको कोई ऐसा थेरेपिस्ट न मिल जाए जो आपके लिए सही लगे, तब तक इधर-उधर देखना ठीक है। आपका मानसिक स्वास्थ्य प्रयास के लायक है।

जैसे ही आप मदद मांगने की दिशा में आगे बढ़ते हैं, अपने आप को याद दिलाएँ कि सहायता माँगना ताकत का संकेत है, कमज़ोरी का नहीं। हर किसी को अपनी भावनाओं को तलाशने और जीवन की चुनौतियों से निपटने के लिए एक सुरक्षित स्थान मिलना चाहिए। अगर आपको लगता है कि आप जिस पहले व्यक्ति से बात करते हैं, वह सही नहीं है, तो तलाश जारी रखने में संकोच न करें। यह यात्रा आपके और आपकी अनूठी ज़रूरतों के बारे में है। जब आपको

आखिरकार कोई ऐसा पेशेवर मिल जाता है जो आपके साथ जुड़ता है, तो ऐसा महसूस हो सकता है कि आपके कंधों से बोझ उतर गया है - एक उज्जवल व्यक्ति की ओर पहला कदम। यह जानते हुए कि आप अकेले नहीं हैं, यह छलांग लगाएँ और हमेशा उस साहस का सम्मान करें जो आपको उस देखभाल की तलाश करने के लिए चाहिए जिसके आप हकदार हैं।

अध्याय 10. उपचार की यात्रा

10.1 उपचार प्रक्रिया को समझना

उपचार प्रक्रिया एक घुमावदार रास्ता है, जो मोड़ और मोड़ से भरपूर है जो भारी या भ्रमित करने वाला लग सकता है। मैंने जो सीखा है वह यह है कि उपचार रैखिक नहीं है। ऐसे दिन होते हैं जब आपको लगता है कि आप बहुत बढ़िया प्रगति कर रहे हैं, और अन्य जब ऐसा लगता है कि आप उदासी या निराशा में वापस जा रहे हैं। मैंने एक बार अपने जीवन में एक कठिन दौर के दौरान एक डायरी रखी, जिसमें मैंने अपनी भावनाओं को रोजाना ट्रैक किया। मैंने अपनी प्रविष्टियों में एक पैटर्न देखा; कुछ दिन मैं दुनिया के शीर्ष पर था, आशा और लचीलेपन से भरा हुआ था, जबकि अन्य दिन मैं चिंता और संदेह से ग्रस्त था। इस गैर-रेखीय प्रगति ने मुझे सिखाया कि इन उतार-चढ़ाव का अनुभव करना पूरी तरह से सामान्य है। हर किसी की यात्रा अलग-अलग होती है, जो उनके व्यक्तिगत अनुभवों से आकार लेती है, और अपेक्षाएँ अक्सर निराशा का कारण बन सकती हैं। इसलिए, यह विचार छोड़ना महत्वपूर्ण है कि उपचार एक निश्चित तरीके से दिखता है। उतार-चढ़ाव को स्वीकार करें, यह जानते हुए कि हर गिरावट नई अंतर्दृष्टि और ताकत को प्रकट कर सकती है।

जैसे-जैसे आप अपने रास्ते पर आगे बढ़ते हैं, अपने आप में धैर्य बनाए रखें। ऐसी दुनिया में जहाँ अक्सर तुरंत नतीजों को प्राथमिकता दी जाती है, हम अपने उपचार की गति के साथ संघर्ष कर सकते हैं। मुझे एक समय याद है जब मैं ब्रेकअप के बाद अपनी भावनाओं से अधीर था। मैं तुरंत फिर से संपूर्ण महसूस करना चाहता था। मैं ऐसे दोस्तों से मिलता था जो बिना किसी प्रयास के आगे बढ़ जाते थे, जिससे मेरी अपनी प्रक्रिया के प्रति मेरी निराशा और बढ़ जाती थी। मैंने उन पलों से जो सीखा वह था आत्म-करुणा की शक्ति। उपचार में समय लगता है, और प्रत्येक कदम, चाहे वह कितना भी छोटा क्यों न हो, आपको संपूर्णता के करीब लाता है। बिना किसी निर्णय के दर्द का अनुभव करने के लिए खुद को अनुग्रह दें। यदि आवश्यक हो तो एक कदम पीछे हटना या जब आप अटके हुए महसूस करते हैं तो समर्थन के लिए दूसरों पर निर्भर होना ठीक है। अपने आप को ऐसे लोगों के साथ घेरें जो आपकी यात्रा को समझते हैं और प्रोत्साहित करते हैं। एक समय में एक दिन लेना, इस प्रक्रिया में खुद के प्रति दयालु होना, यही वह तरीका है जिससे आप अपना रास्ता खोज लेंगे। याद रखें कि हर बाधा विकास और सीखने का अवसर है।

अपनी उपचार यात्रा की अनूठी गति को अपनाने से शक्ति और लचीलापन बढ़ता है। उन दिनों में जब आपको विशेष रूप से कठिन लगे, तो अपने आप को अपनी प्रगति की याद

दिलाएँ। अपनी जीत का ट्रैक रखें, चाहे वह कितनी भी छोटी क्यों न हो, और उनका जश्न मनाएँ। अपनी मानसिकता को बदलने में मदद करने के लिए पुष्टि का उपयोग करें। उदाहरण के लिए, 'मैं अपनी गति से ठीक हो रहा हूँ' या 'मैं जैसा हूँ, वैसा ही पर्याप्त हूँ' कहना आपको सकारात्मकता में स्थिर होने की अनुमति देता है। जर्नलिंग, ध्यान या यहाँ तक कि एक रचनात्मक शौक जैसी माइंडफुलनेस प्रथाओं में सांत्वना ढूँढना उथल-पुथल भरे समय में शरण प्रदान कर सकता है। यात्रा लंबी हो सकती है, लेकिन इसे पार करना आपका काम है। प्रक्रिया पर भरोसा रखें, धैर्य रखें और अपने दिल को रास्ता दिखाने दें।

10.2 छोटी जीत का जश्न मनाना

अपने लक्ष्यों की ओर आपका हर कदम मायने रखता है, भले ही वह उस समय महत्वहीन लगे। मुझे एक समय याद है जब मैं एक बड़े प्रोजेक्ट पर काम कर रहा था, और ईमानदारी से कहूँ तो यह बहुत भारी लग रहा था। मुझे लगा कि मैं बहुत ज़्यादा प्रगति नहीं कर पा रहा हूँ, लेकिन एक दिन मैंने पीछे मुड़कर देखा और पाया कि मैंने कई छोटे-छोटे काम पूरे किए हैं जो मुझे मेरे अंतिम लक्ष्य के करीब ले आए हैं। वे छोटी-छोटी जीतें बिल्डिंग ब्लॉक की तरह थीं, जो धीरे-धीरे एक मज़बूत नींव बनाती हैं। यह पहचानना ज़रूरी है कि हर छोटी सफलता जश्न मनाने का एक कारण है। चाहे वह आपकी

लिखी हुई किताब का एक अध्याय पूरा करना हो, एक छोटी सी परीक्षा में सफल होना हो, या फिर बस एक कठिन दिन से गुज़रना हो, उस प्रगति को स्वीकार करने के लिए एक पल निकालें। यह आपकी प्रेरणा को बढ़ाता है और आपको आगे बढ़ते रहने के लिए प्रोत्साहित करता है।

इन पलों का जश्न मनाने के लिए एक दिनचर्या स्थापित करना अविश्वसनीय रूप से सशक्त हो सकता है। अपनी जीत का सम्मान करने का एक तरीका यह है कि मैं खुद को कुछ खास उपहार दूं, चाहे वह एक शानदार कॉफी हो, आराम से नहाना हो या दोस्तों के साथ समय बिताना हो। इन अनुष्ठानों को भव्य होने की आवश्यकता नहीं है; यह आपके लिए उस पल को महत्वपूर्ण बनाने के बारे में है। आप अपनी उपलब्धियों को एक जर्नल में लिख सकते हैं, एक विज़न बोर्ड बना सकते हैं, या अपनी सफलता को किसी सहायक मित्र के साथ साझा कर सकते हैं। ये अभ्यास आपको याद दिलाते हैं कि आप एक यात्रा पर हैं, और हर कदम, चाहे वह कितना भी छोटा क्यों न हो, स्वीकार करने योग्य है। जितना अधिक आप जश्न मनाते हैं, उतना ही आप एक सकारात्मक मानसिकता का निर्माण करते हैं जो आपको और भी बड़ी सफलता की ओर ले जाती है।

10.3 लचीलापन बनाना और आगे बढ़ना

लचीलापन कोई ऐसी चीज़ नहीं है जिसके साथ हम पैदा होते हैं; यह एक ऐसा कौशल है जिसे हमारे अनुभवों के माध्यम से समय के साथ विकसित और मजबूत किया जा सकता है। मुझे एक समय याद है जब मैंने एक प्रोजेक्ट में अपना दिल लगाने के बाद अस्वीकृति का सामना किया था। ऐसा लगा जैसे मेरे सामने एक दरवाज़ा बंद हो गया हो। लेकिन उस पल को खुद को परिभाषित करने की अनुमति देने के बजाय, मैंने उस पर चिंतन करना चुना। मैंने खुद से पूछा, मैं इससे क्या सीख सकता हूँ? प्रत्येक बाधा एक कदम बन गई। मैंने असफलताओं को अंत के रूप में देखने के बजाय यात्रा के हिस्से के रूप में स्वीकार करना शुरू कर दिया। अपने आप को सहायक मित्रों और सलाहकारों के साथ घेरने से बहुत फर्क पड़ा। उनके प्रोत्साहन ने मुझे चुनौतियों को विकास के अवसरों के रूप में देखने में मदद की। छोटे, जानबूझकर कदम उठाना - लक्ष्य निर्धारित करना, छोटी जीत का जश्न मनाना और अनुकूलन करना सीखना - समय के साथ मेरी लचीलापन की मांसपेशियों का निर्माण हुआ, जिससे मैं न केवल मजबूत हुआ बल्कि अपने सपनों को पूरा करने में और अधिक साहसी भी बना।

जब मैं भविष्य के बारे में सोचता हूँ, तो मुझे एहसास होता है कि विकास के लिए इरादे तय करना ज़रूरी है। यह स्वीकार करना कि असफलताएँ जीवन का एक स्वाभाविक हिस्सा हैं, मुझे चुनौतियों का सामना नए नज़रिए से करने की अनुमति

देता है। यह सब वापस उछलने के बारे में है; यह एक ऐसी मानसिकता विकसित करने के बारे में है जो बदलाव और नई संभावनाओं का स्वागत करती है। मैंने अपने इरादों को लिखना शुरू कर दिया, एक विज़न बोर्ड बनाया जिसमें मैं कहाँ होना चाहता था और क्या बनना चाहता था, इसकी छवियाँ भरी हुई थीं। यह कार्य अकेले ही एक शक्तिशाली प्रेरक बन गया। हर बार जब मैं लड़खड़ाता, तो मैं उन इरादों पर फिर से विचार करता और खुद को अपने उद्देश्य की याद दिलाता। मैंने सीखा कि सबसे महत्वपूर्ण हिस्सा यह नहीं है कि आप कितनी बार गिरते हैं, बल्कि यह है कि आप कितनी बार वापस उठते हैं। दूसरों के साथ संबंध, चाहे साझा अनुभवों के माध्यम से हो या मार्गदर्शन की तलाश के माध्यम से, कठिन समय के दौरान मेरा सहारा बन गया। मैंने कमज़ोरी को अपनाया, यह समझते हुए कि यह एक ताकत है, कमज़ोरी नहीं। इसने मुझे अपने आस-पास के लोगों के साथ गहरे संबंध बनाने की अनुमति दी, जबकि मेरे भीतर दृढ़ संकल्प की चिंगारी को फिर से जगाया।

आगे बढ़ने के लिए सिर्फ़ लचीलापन ही नहीं चाहिए; इसके लिए सीखने और विकास के लिए निरंतर प्रतिबद्धता की आवश्यकता होती है। जब चीजें योजना के अनुसार नहीं होती हैं, तो आत्म-करुणा का अभ्यास करना बहुत ज़रूरी है। खुद का सबसे कठोर आलोचक बनना बहुत आसान है, लेकिन मैंने पाया कि खुद के साथ दयालुता से पेश आने से

मुझे कठिनाइयों को शालीनता से पार करने में मदद मिली। मैं हर दिन अपनी उपलब्धियों पर चिंतन करने के लिए समय निकालने की सलाह देता हूँ, चाहे वह कितनी भी छोटी क्यों न हो। यह अभ्यास आपकी ताकत को मजबूत करता है और आपको दिखाता है कि आप कितनी दूर आ गए हैं।

लचीलापन बनाना सिर्फ़ जीवित रहने के बारे में नहीं है - यह समृद्ध होने, बड़े सपने देखने और ऊँचे मुकाम तक पहुँचने के बारे में है। याद रखें कि हर चुनौती आपके कौशल को बढ़ाने और आपके चरित्र को विकसित करने का एक अवसर है। आगे बढ़ते रहें, क्योंकि हर कदम के साथ, आप सिर्फ़ लचीलापन नहीं बना रहे हैं; आप अपनी यात्रा की खूबसूरत कहानी गढ़ रहे हैं।

अध्याय 11. अपनी कहानी साझा करना

<u>11.1 भेद्यता की शक्ति</u>

अपने अनुभवों को साझा करने से न केवल हमारा अपना जीवन बल्कि दूसरों का जीवन भी बदल सकता है। मैंने अक्सर अपने संघर्षों का भार अकेले महसूस किया है, यह सोचकर कि कोई भी मुझे समझ नहीं सकता। लेकिन जब मैंने अपनी चुनौतियों के बारे में खोला, तो मुझे उपचार की एक ऐसी भावना का पता चला, जिसके बारे में मैंने कभी सोचा भी नहीं था। एक ऐसा क्षण था जब मैंने एक निजी कहानी साझा करने का फैसला किया—कैसे मैंने हाई स्कूल के दौरान चिंता का सामना किया। मुझे उम्मीद थी कि लोग मेरी बात मानेंगे, शायद कुछ सहानुभूतिपूर्ण टिप्पणियाँ करेंगे, लेकिन मुझे इससे कहीं अधिक मिला। बाद में कई लड़कियाँ मेरे पास आईं और उन्होंने चिंता, भय और खोए हुए महसूस करने के क्षणों की अपनी कहानियाँ साझा कीं। तब मुझे एहसास हुआ कि भेद्यता आत्माओं के बीच एक सेतु बनाती है, जो हमें गहरे स्तर पर जुड़ने की अनुमति देती है। अपनी कहानियों को साझा करना एक मरहम का काम करता है, न केवल हमारे लिए बल्कि उन लोगों के लिए भी

कमज़ोरियों में पाई जाने वाली ताकत को पहचानना मुक्तिदायक है। मैंने सीखा कि प्रामाणिक होना, अपनी असली पहचान, कमियाँ और सब कुछ दिखाना, ऐसे दरवाज़े

खोलता है जो पूर्णता कभी नहीं खोल सकती। एक समय था जब मैंने अपने संघर्षों को आत्मविश्वास के मुखौटे के पीछे छिपाया था, ऐसा महसूस करते हुए कि मुझे सफलता की आदर्श छवि को चित्रित करना है। लेकिन हर बार जब मैंने आखिरकार अपनी हिफ़ाज़त छोड़ दी, अपने डर या संदेह को दिखाया, तो मैंने सच्ची दोस्ती को आकर्षित किया। मेरे सबसे अच्छे दोस्तों में से एक, जो कभी बहुत ही संतुलित दिखता था, ने देर रात चैट के दौरान आत्म-संदेह के साथ अपनी लड़ाई साझा की। इसने मुझे याद दिलाया कि हममें से सबसे मजबूत भी कभी-कभी कमज़ोर महसूस करते हैं। यह ऐसे क्षणों में है कि हम वास्तव में अपनी प्रामाणिकता को अपना सकते हैं, एक आंतरिक शक्ति पा सकते हैं जो हमें सशक्त बनाती है। भेद्यता एक कमज़ोरी नहीं है; यह विकास के लिए एक निमंत्रण है, हमारे लिए और उन लोगों के लिए जिन्हें हम प्रेरित करते हैं।

इस पर विचार करें: अगली बार जब आपको अपने असली रूप को छिपाने की इच्छा हो, तो सोचें कि आपकी कहानी किसी ऐसे व्यक्ति के साथ कैसे जुड़ सकती है जिसे इसे सुनने की ज़रूरत है। चाहे वह दोस्तों का एक छोटा समूह हो या एक बड़ा दर्शक वर्ग, याद रखें कि अपनी यात्रा को साझा करना सिर्फ़ अपने आप को हल्का करने के बारे में नहीं है; यह कनेक्शन को बढ़ावा देने, एक ऐसा समुदाय बनाने के बारे में है जहाँ हर कोई महसूस करता है कि उसे देखा और सुना

जाता है। वास्तविक होने से, आप शायद किसी और के लिए भी ऐसा करने का मार्ग प्रशस्त कर सकते हैं। अपनी कमज़ोरियों को स्वीकार करें; वे न केवल आपके उपचार की कुंजी हैं, बल्कि रास्ते में दूसरों को ऊपर उठाने की शक्ति भी रखती हैं।

11.2 अपनी आवाज़ के लिए सही माध्यम चुनना

अपनी कहानी साझा करना एक अविश्वसनीय रूप से शक्तिशाली कार्य है, और इसे करने के बहुत सारे तरीके हैं। आप इसे एक जर्नल में लिख सकते हैं, एक ब्लॉग बना सकते हैं, या यहाँ तक कि अपने अनुभवों को साझा करने वाली एक किताब पर भी काम कर सकते हैं। यदि आप मौखिक रूप से खुद को व्यक्त करने के लिए अधिक आकर्षित हैं, तो सार्वजनिक भाषण या कहानी सुनाने पर विचार करें। मुझे याद है कि पहली बार जब मैं अपनी कहानी साझा करने के लिए दर्शकों के सामने खड़ा हुआ था। मेरे हाथ काँप रहे थे, और मेरी आवाज़ लड़खड़ा रही थी, लेकिन जैसे ही मैंने बात की, मुझे लगा कि मेरे ऊपर जुड़ाव की एक लहर बह रही है। भीड़ में मौजूद चेहरों ने समझदारी दिखाई, और अचानक, ऐसा लगा कि मेरे शब्द सिर्फ़ मेरे नहीं थे - वे उन सभी के थे जिन्होंने कभी भी वही महसूस किया था जो मैंने महसूस किया था। प्रत्येक मार्ग - लिखना या बोलना - जुड़ने, प्रेरित

करने और बदलाव को प्रज्वलित करने का अपना अनूठा तरीका प्रदान करता है।

जबकि विकल्प अंतहीन लग सकते हैं, यह निर्धारित करना महत्वपूर्ण है कि कौन सा वातावरण आपके लिए सबसे अधिक आरामदायक है। कुछ लोगों के लिए, लेखन का एकांत दर्शकों के तत्काल दबाव के बिना अपने गहरे विचारों को व्यक्त करने के लिए एक सुरक्षित स्थान प्रदान करता है। यह आपके संदेश के चिंतन और सावधानीपूर्वक शिल्पकला की अनुमति देता है। दूसरों के लिए, खड़े होकर भीड़ के सामने साझा करना उत्साह और सशक्तीकरण की भावना लाता है। अपनी सच्चाई को व्यक्त करने के तरीके के बारे में अपनी सहज प्रवृत्ति पर भरोसा करना आवश्यक है। मैंने कई युवतियों को अपने शब्दों के पीछे छिपने की इच्छा और छतों से अपनी कहानियाँ चिल्लाने की इच्छा के बीच संघर्ष करते देखा है। अपने आप को प्रयोग करने की अनुमति दें - एक लेख लिखने और इसे बड़े मंच पर ले जाने से पहले दोस्तों के एक छोटे समूह के साथ साझा करने का प्रयास करें। आप पा सकते हैं कि सार्वजनिक रूप से बोलना, इसके तत्काल ऊर्जा विनिमय के साथ, आपको प्रेरणा से भर देता है। या शायद एक व्यक्तिगत पत्र साझा करने की शांत अंतरंगता वह जगह है जहाँ आपको अपनी ताकत मिलती है।

आपकी आवाज़ मायने रखती है, और अपने दिल से जुड़ने वाले माध्यम को चुनने से आपकी आवाज़ उन तरीकों से बढ़

सकती है, जिनके बारे में आपने कभी सोचा भी नहीं होगा। आप चाहे कोई भी रास्ता अपनाएँ, याद रखें कि खुद को प्रामाणिक रूप से व्यक्त करना ही आपको अंततः दूसरों से जोड़ता है। यात्रा को अपनाएँ, और अपनी कहानी को उस तरीके से सामने आने दें जो आपको सबसे स्वाभाविक लगे। एक उपयोगी सुझाव यह है कि छोटी शुरुआत करें—अपने दिल के करीब किसी अनुभव के बारे में एक छोटा सा लेख लिखें, फिर तय करें कि इसे लिखित रूप में, बोलकर या शायद वीडियो या पॉडकास्ट जैसे किसी कला रूप में साझा करना सही है या नहीं।

11.3 कहानी सुनाकर दूसरों को प्रेरित करना

आपकी कहानी में अविश्वसनीय शक्ति है। आपका हर अनुभव और हर चुनौती किसी और के दिल को छू सकती है, जिससे एक ऐसा संबंध बनता है जो उम्मीद और जुनून को जगाता है। मुझे याद है जब मैं आत्म-संदेह से जूझ रहा था, एक ऐसी दुनिया में अदृश्य महसूस कर रहा था जहाँ हर किसी ने अपना रास्ता तय कर लिया था। यह एक सामुदायिक कार्यक्रम के दौरान था जहाँ मैंने पहली बार किसी को अपनी यात्रा के बारे में बताते हुए सुना जिसने मेरे दृष्टिकोण को बदल दिया। जब उसने अपनी कठिनाइयों के बारे में बताया, तो मुझे एहसास हुआ कि हम सभी बोझ उठाते हैं जो अलग-थलग लग सकते हैं लेकिन वास्तव में हम

सभी के बीच साझा होते हैं। उसकी कहानी सुनने से मुझे अपने अनुभवों पर विचार करने का मौका मिला, उन शक्तियों को उजागर किया जिनके बारे में मुझे नहीं पता था कि मेरे पास है। इस तरह से कहानी सुनाना हमें सशक्त बनाता है - अपने जीवन के ऐसे धागे खोजकर जो दूसरों के साथ प्रतिध्वनित होते हैं, हम अनिश्चितता के समान स्थान पर किसी के लिए रास्ता रोशन कर सकते हैं।

दूसरों को अपनी आवाज़ खोजने के लिए प्रोत्साहित करना भी इस यात्रा का हिस्सा है। अपने अनुभवों को साझा करना हमेशा आसान नहीं था, लेकिन भेद्यता प्रामाणिकता को बढ़ावा देती है। मैं अक्सर खुद को हाई स्कूल की कार्यशाला की याद दिलाता हूँ जहाँ मैंने चिंता के साथ अपने संघर्षों को बहादुरी से साझा किया था। निर्णय के बजाय, मुझे अपने साथियों से समर्थन और समझ मिली, जो अपनी कहानियाँ साझा करने के लिए उत्सुक थे। यह एक शक्तिशाली क्षण था जहाँ हम सभी ने पाया कि हमारे संघर्ष अकेले हमारे नहीं थे; उन्होंने हमें जोड़ा। बोलकर, मैंने दूसरों को भी ऐसा करने के लिए प्रेरित किया। हर किसी की एक अनूठी आवाज़ होती है, और जब आप अपनी कहानी साझा करते हैं, तो आप न केवल खुद को मान्य करते हैं बल्कि दूसरों के लिए एक सुरक्षित स्थान भी बनाते हैं। इस तरह हम एक साथ आते हैं; इस तरह हम एक-दूसरे को ऊपर उठाते हैं। याद रखें, आपकी आवाज़ दूसरों को छाया से बाहर निकलने और अपनी खुद

की कहानियों को अपनाने के लिए प्रेरित कर सकती है। आपने जो कुछ भी सीखा है उसे साझा करने से न डरें।

हमेशा ध्यान रखें कि आपके द्वारा बताई गई हर कहानी में बदलाव लाने, कार्रवाई को प्रेरित करने और उम्मीद जगाने की क्षमता होती है। जब आप अपनी व्यक्तिगत यात्रा को अपने आस-पास के लोगों के व्यापक अनुभवों से जोड़ते हैं, तो आप एक शक्तिशाली कथा बनाते हैं जो समुदाय और समझ को बढ़ावा देती है। जर्नलिंग या स्टोरी सर्कल में शामिल होने पर विचार करें जहाँ आप अपने विचार व्यक्त कर सकते हैं और दूसरों की बात सुन सकते हैं। अपने अनुभवों को लिखने के लिए खुद को चुनौती दें और इस बात पर विचार करें कि उन्होंने आपको क्या सिखाया है। आप पाएंगे कि कहानी सुनाना न केवल आपको सशक्त बनाता है बल्कि दूसरों को साझा करने और प्रेरित करने का साहस भी देता है। अपनी आवाज़ को गले लगाओ और इसे प्रतिध्वनित होने दो; आप कभी नहीं जानते कि कौन सुन रहा है और आपकी रोशनी की ज़रूरत है।

अध्याय 12. अपने और दूसरों के लिए वकालत करना

12.1 बोलना: अपनी आवाज़ का उपयोग कैसे करें

अपनी आवाज़ का इस्तेमाल करना आपके पास मौजूद सबसे शक्तिशाली औज़ारों में से एक है। यह सिर्फ़ ऊँची आवाज़ में बोलने के बारे में नहीं है; यह आपके विचारों, भावनाओं और विश्वासों को एक ऐसे तरीके से व्यक्त करने के बारे में है जो वास्तव में गूंजता है। मुझे एक समय याद है जब मैंने अपने एक दोस्त को स्कूल में तंग किया हुआ देखा था। मुझे भावनाओं का ज्वार महसूस हुआ - गुस्सा, डर और दुख। लेकिन इन सबके बीच, मुझे एहसास हुआ कि चुप रहने से सिर्फ़ बदमाशी जारी रहेगी। हिम्मत जुटाते हुए, मैंने आवाज़ उठाई। मैंने बदमाशों से कहा कि उनका व्यवहार अस्वीकार्य है। उस पल ने मुझे सिखाया कि अपने और दूसरों के लिए वकालत करना ज़रूरी है। आपकी आवाज़ बदलाव ला सकती है, बातचीत को बढ़ावा दे सकती है और आपके आस-पास के लोगों को प्रेरित कर सकती है। यह आपके विश्वास के लिए खड़े होने और यह सुनिश्चित करने की कुंजी है कि आपकी और दूसरों की ज़रूरतें पूरी हों।

अपने और दूसरों के लिए प्रभावी ढंग से वकालत करने के लिए, मुखर संचार तकनीकों का अभ्यास करना महत्वपूर्ण है।

इसका मतलब आक्रामक या टकरावपूर्ण होना नहीं है; इसका मतलब दूसरों का सम्मान करते हुए अपने विचारों को स्पष्ट और आत्मविश्वास से व्यक्त करना है। मैंने एक बार एक नेतृत्व कार्यशाला में भाग लिया जहाँ हमने "मैं" कथनों का उपयोग करने का अभ्यास किया। यह कहने के बजाय कि, "आप मेरी कभी नहीं सुनते," मैंने यह कहना सीखा, "जब मेरे विचारों पर विचार नहीं किया जाता है तो मुझे अनदेखा किया जाता है।" इस सरल बदलाव ने मेरे संदेश को प्राप्त करने के तरीके में बहुत अंतर ला दिया। कम बार माफ़ी माँगना और अपने विश्वासों पर दृढ़ रहना अन्य महत्वपूर्ण सबक थे जो मैंने सीखे। जब आप मुखर रूप से संवाद करते हैं, तो आप सीमाएँ निर्धारित करते हैं और स्वस्थ संवाद को प्रोत्साहित करते हैं। यह पहली बार में डरावना हो सकता है, लेकिन जितना अधिक आप इसे करेंगे, यह उतना ही अधिक आरामदायक होता जाएगा।

अगली बार जब आप खुद को ऐसी स्थिति में पाएं जहां आपकी आवाज़ कुछ अलग कर सकती है, तो अपने शब्दों की ताकत को याद रखें। अगर आपको ज़रूरत हो तो छोटी शुरुआत करें, लेकिन अपनी आवाज़ को लोगों तक पहुंचाने में संकोच न करें। चाहे वह कक्षा में हो, दोस्तों के साथ हो या घर पर, अपने विचार व्यक्त करने के लिए कुछ पल निकालें। अपने आस-पास ऐसे लोगों को रखें जो आपकी आवाज़ को प्रोत्साहित करते हैं। वे आपका आत्मविश्वास बढ़ाने में मदद

कर सकते हैं और आपको बोलने में सुरक्षित महसूस करा सकते हैं। एक व्यावहारिक सुझाव यह है कि शीशे के सामने या किसी भरोसेमंद दोस्त के साथ अभ्यास करें। इससे आपको प्रभावी ढंग से अपनी बात कहने में मदद मिल सकती है। हर बार जब आप बोलते हैं, तो आप न केवल खुद को सशक्त बनाते हैं बल्कि दूसरों को भी अपनी आवाज़ का इस्तेमाल करने के लिए प्रेरित करते हैं। साथ मिलकर, हम वकालत, ताकत और जुनून का एक कोरस बना सकते हैं।

12.2 परिवर्तन के लिए आयोजन: सामुदायिक कार्रवाई

सामुदायिक पहलों और जागरूकता अभियानों के लिए दूसरों को संगठित करना अविश्वसनीय रूप से सशक्त बना सकता है। मुझे याद है जब मैंने पहली बार एक स्थानीय सुरक्षा पहल का आयोजन किया था। मैंने अपने दोस्तों और सहपाठियों से संपर्क करके, सभी के लिए एक सुरक्षित पड़ोस के अपने दृष्टिकोण को साझा करके शुरुआत की। हमने अपने घर पर बैठकें कीं, अपनी चिंताओं पर चर्चा की और उन्हें दूर करने के तरीकों पर विचार-विमर्श किया। मैंने जागरूकता बढ़ाने और अपने उद्देश्य के बारे में चर्चा करने के लिए सोशल मीडिया का इस्तेमाल किया। यह देखना आश्चर्यजनक था कि कैसे अधिक से अधिक लोगों की दिलचस्पी तेज़ी से बढ़ी और वे हमसे जुड़ना चाहते थे। हमने

फ़्लायर्स डिज़ाइन किए, एक याचिका बनाई और जागरूकता बढ़ाने के लिए पड़ोस में एक सैर का आयोजन भी किया। इस अनुभव ने मुझे सिखाया कि कभी-कभी, आंदोलन को गति देने के लिए बस एक व्यक्ति की ज़रूरत होती है। हममें से प्रत्येक में दूसरों को प्रेरित करने और बदलाव लाने की क्षमता है, चाहे इसका मतलब पर्यावरणीय प्रथाओं की वकालत करना हो, स्थानीय सेवाओं में सुधार करना हो या स्कूलों में मानसिक स्वास्थ्य जैसे मुद्दों को संबोधित करना हो। मुख्य बात बातचीत शुरू करना और दूसरों को इसमें शामिल होने के लिए आमंत्रित करना है।

सामूहिक कार्रवाई परिवर्तन लाने में गहरा प्रभाव डाल सकती है। जब लोग एक साझा उद्देश्य के लिए एक साथ आते हैं, तो उनकी आवाज़ें समुदाय में गूंजती और बढ़ती हैं। मैंने इसे प्रत्यक्ष रूप से देखा जब हमने स्थानीय परिषद की बैठक में अपनी पहल की। जोशीली युवतियों से भरा हमारा समूह सुरक्षित सड़कों के लिए हमारे निष्कर्षों और मांगों को प्रस्तुत करता है। कमरे में ऊर्जा का संचार तब हुआ जब हम सभी ने व्यक्तिगत कहानियाँ साझा कीं, जो परिवर्तन की आवश्यकता पर प्रकाश डालती हैं। परिषद के सदस्यों ने सुना। उन्होंने हमारी सामूहिक उपस्थिति का भार महसूस किया और प्रतिक्रिया देने के लिए प्रेरित हुए। उस क्षण, मुझे एहसास हुआ कि हम एक संयुक्त मोर्चे के रूप में कितने शक्तिशाली बन गए हैं। परिवर्तन अक्सर एक साझा लक्ष्य से

शुरू होता है, और जब हम एक साथ काम करते हैं, तो हम अपने सपनों को वास्तविकता में बदल सकते हैं। हमारी आवाज़ें एक साथ अधिक मजबूत होती हैं, और इतिहास हमें दिखाता है कि कई सामाजिक आंदोलन सामूहिक कार्रवाई की अडिग भावना से उत्पन्न हुए हैं।

ध्यान में रखने के लिए एक व्यावहारिक सुझाव यह है कि हमेशा उन लोगों से संपर्क करें और जुड़ें जो आपके जुनून को साझा करते हैं। संबंध बनाना महत्वपूर्ण है, और आप कभी नहीं जानते कि किसके पास संसाधन या विचार हो सकते हैं जो आपकी पहल को बढ़ावा दे सकते हैं। स्थानीय कार्यक्रमों में भाग लें, सोशल मीडिया पर जुड़ें, या यहां तक कि एक सहायता समूह भी शुरू करें। जब आप लोगों को एक साथ लाते हैं, तो विचार प्रवाहित होते हैं, और ऊर्जा का निर्माण होता है। याद रखें, हर महान आंदोलन समर्पित व्यक्तियों के एक छोटे समूह के साथ शुरू हुआ। अपनी आवाज़ और अपने आस-पास के लोगों की आवाज़ की शक्ति को कम मत समझो। आपके पास बदलाव लाने की क्षमता है, इसलिए उस चिंगारी को अपने समुदाय में बदलाव की लौ जलाने दें।

12.3 साथियों को शिक्षित करना: जागरूकता बढ़ाना

सहमति और वकालत के बारे में बातचीत में साथियों को शामिल करना कठिन लग सकता है, लेकिन मैंने सीखा है कि यह सब ईमानदार, खुले संवाद से शुरू होता है। मुझे याद है कि पहली बार मैंने अपने दोस्तों से इस विषय पर बात की थी। यह एक अनौपचारिक बैठक थी, और कुछ स्नैक्स के साथ, मैंने सहमति से संबंधित एक व्यक्तिगत अनुभव साझा किया। मैंने दिल से बात की, अपने विचार साझा किए कि सीमाओं को समझना और उनका सम्मान करना सभी के लिए क्यों महत्वपूर्ण है। चर्चाओं से कमरा जीवंत हो गया; मेरे दोस्तों ने अपनी कहानियाँ और अंतर्दृष्टि साझा की। यह देखना आश्चर्यजनक था कि कैसे एक बातचीत शुरू करने से कई अन्य बातचीत शुरू हुईं, जिनमें से प्रत्येक अहसास और समझ से भरी हुई थी। कुंजी एक सुरक्षित स्थान बनाना है जहाँ हर कोई मायने रखता है, जहाँ उनकी आवाज़ मायने रखती है। जब हम इन महत्वपूर्ण मुद्दों पर बात करते हैं, तो हम खुद को और अपने आस-पास के लोगों को गंभीरता से सोचने और दयालुता से काम करने के लिए सशक्त बनाते हैं।

जागरूकता को बढ़ावा देने वाली प्रभावी कार्यशालाओं या चर्चाओं की मेजबानी करने के लिए, मैंने पाया कि विषय के बारे में तैयार और भावुक होना आवश्यक है। मैंने एक बार अपने स्कूल में सहमति शिक्षा पर ध्यान केंद्रित करते हुए एक कार्यशाला आयोजित की थी। मैंने ध्यान आकर्षित करने के

लिए शक्तिशाली आँकड़े साझा करके शुरुआत की और फिर इंटरैक्टिव गतिविधियों में आगे बढ़ा, जिसने सभी को अपने स्वयं के विश्वासों और अनुभवों पर विचार करने के लिए प्रोत्साहित किया। उदाहरण के लिए, हमने रोल-प्लेइंग परिदृश्य बनाए जो हमें विभिन्न स्थितियों में सहमति देने और माँगने का अभ्यास करने की अनुमति देते थे। भागीदारी और चर्चा को प्रोत्साहित करना केवल व्याख्यान देने के बारे में नहीं था; यह प्रत्येक व्यक्ति से जुड़ने और उन्हें यह सोचने के लिए प्रेरित करने के बारे में था कि ये मुद्दे उनके जीवन को कैसे प्रभावित करते हैं। मैंने पाया कि सामग्री जितनी अधिक आकर्षक और संबंधित होगी, लोग बातचीत में योगदान देने के लिए उतने ही अधिक इच्छुक होंगे। माहौल को सहज बनाए रखें, और खुलेपन को प्रोत्साहित करें, ताकि हर कोई अपने विचार साझा करने में सहज महसूस करे।

याद रखें कि हर छोटा प्रयास मायने रखता है। चाहे वह कक्षा के बाद की अनौपचारिक बातचीत हो या कोई संरचित कार्यशाला, आपके पास अपने साथियों के बीच जागरूकता बढ़ाने की शक्ति है। लेख साझा करने या दूसरों को शिक्षित करने वाली चर्चाएँ शुरू करने के लिए सोशल मीडिया का उपयोग करें। आपकी आवाज़ बदलाव को प्रेरित कर सकती है, यहाँ तक कि सबसे छोटे तरीके से भी। बदलाव लाने की अपनी क्षमता पर भरोसा करें; हो सकता है कि आप किसी ऐसी बातचीत को जन्म दें जिसे किसी को सुनने की ज़रूरत

हो। यह सब एकजुटता के साथ उन कदमों को आगे बढ़ाने के बारे में है, यह जानते हुए कि वकालत जागरूकता से शुरू होती है।

अध्याय 13. दर्द को उद्देश्य में बदलना

13.1 आघात के बाद अपना लक्ष्य खोजना

आघात के बाद अपने जुनून की खोज करना कठिन लग सकता है, फिर भी यह एक शक्तिशाली यात्रा भी है जो जीवन में आपके मिशन तक ले जा सकती है। इस बारे में सोचें कि वास्तव में आपके दिल में क्या चिंगारी जलती है। यह दूसरों की मदद करना, किसी कारण की वकालत करना या कला का सृजन करना हो सकता है। उन पलों को याद करें जब आपने सब कुछ बदलने से पहले शुद्ध आनंद महसूस किया था। कभी-कभी, इन रुचियों का पीछा करना छोटा लग सकता है, लेकिन हर छोटा कदम उद्देश्य की भावना को बढ़ावा दे सकता है। मुझे याद है कि मैं अपने बेडरूम में चुपचाप बैठा था, हाथ में एक स्केचपैड लिए हुए, अपने विचारों को स्वतंत्र रूप से बहने दे रहा था। तब मुझे एहसास हुआ कि मुझे ड्राइंग में कितना आनंद मिलता है। इस जुनून को एक मिशन में बदलने में समय लगा, लेकिन पेंसिल का हर स्ट्रोक खुद के एक टुकड़े को वापस पाने जैसा लगा। जो भी आपके दिल को छूता है उसे अपनाएँ; यह आपको किसी बड़ी चीज़ की ओर ले जा सकता है।

जब आप अपने दर्द में उद्देश्य खोजने की कोशिश करते हैं, तो इस बात पर विचार करें कि ये अनुभव आपके मिशन को कैसे आकार दे सकते हैं। इस बात पर चिंतन करें कि आपने क्या

सहा है और इसने आपको कैसे बदल दिया है। मेरे अपने जीवन में, मेरी किशोरावस्था के दौरान मैंने जिन संघर्षों का सामना किया, वे करुणा और लचीलेपन की मेरी समझ के लिए कदम बन गए। दोस्तों के साथ कहानियाँ साझा करते हुए, मैंने पाया कि मेरे अनुभव कितने प्रासंगिक थे, और दूसरों से जुड़ना आज़ादी भरा लगा, जिन्होंने अपनी खुद की लड़ाइयाँ लड़ी थीं। इसने मुझमें दूसरों को उनकी यात्रा में मदद करने की इच्छा जगाई। हर बार जब मैंने अपने अनुभवों के बारे में लिखा, तो ऐसा लगा जैसे दर्द की छाया को आशा की किरण में बदल दिया हो। अपनी खुद की कहानी पर वापस नज़र डालें; हो सकता है कि साझा करने के लिए कोई सबक हो जो समान चुनौतियों से गुज़र रहे दूसरों को प्रेरित कर सके।

अपने मिशन को पाना एक ऐसी प्रक्रिया है जो जुनून और उद्देश्य को एक साथ जोड़ती है, और इसे सही मायने में खोजने में कुछ समय लग सकता है। यह परीक्षण और त्रुटि के बारे में है, यह सीखना कि आपके साथ क्या प्रतिध्वनित होता है, और खुद को बढ़ने की कृपा प्रदान करना। याद रखें कि छोटी शुरुआत करना ठीक है। किसी ऐसे कारण के लिए स्वयंसेवक बनें जिसकी आपको परवाह है या अपने आस-पास के लोगों के साथ अपनी प्रतिभा साझा करें। आपके द्वारा किया गया प्रत्येक कार्य आपके मिशन की आग को बढ़ाता है। और ध्यान में रखने के लिए एक व्यावहारिक

सुझाव: हर दिन कुछ पल शांति से बैठें, गहरी सांस लें, और खुद से पूछें कि आपके लिए वास्तव में क्या मायने रखता है। ये शांत क्षण आपके भीतर के आत्म को जगा सकते हैं और आपको अपने मिशन की ओर ले जा सकते हैं।

13.2 वकालत को कार्रवाई में बदलना

अंतर्दृष्टि को मूर्त कार्यों में बदलना सबसे सशक्त यात्राओं में से एक है जिस पर एक लड़की या युवा महिला चल सकती है। मुझे याद है जब मैंने पहली बार एक स्थानीय आश्रय में स्वयंसेवा करते हुए अपने भीतर वकालत की चिंगारी महसूस की थी। वहाँ की महिलाओं से मैंने जो कहानियाँ सुनीं, उनसे मेरी आँखें उन वास्तविकताओं के प्रति खुल गईं जिनका वे रोज़ सामना करती थीं। मुझे एहसास हुआ कि ज्ञान केवल शक्ति नहीं है; यह बदलाव का उत्प्रेरक भी है। यह पहली बार में भारी लग सकता है, लेकिन एक बार जब आप उन विशिष्ट मुद्दों की पहचान करना शुरू कर देते हैं जो आपके साथ प्रतिध्वनित होते हैं, तो आगे का रास्ता स्पष्ट हो जाता है। चाहे वह लैंगिक असमानता से निपटना हो, मानसिक स्वास्थ्य जागरूकता को बढ़ावा देना हो, या पर्यावरणीय स्थिरता की दिशा में काम करना हो, कुंजी उन अंतर्दृष्टि का उपयोग करना और उन्हें महत्वपूर्ण कार्यों में बदलना है। अपना जुनून खोजें, एक योजना बनाएँ, और पहला कदम उठाएँ, चाहे वह

कितना भी छोटा क्यों न हो। हर छोटी कार्रवाई मायने रखती है, और यह बदलाव की लहर पैदा कर सकती है।

एक व्यक्तिगत कार्य योजना विकसित करना आपके वकालत लक्ष्यों को आपके कार्यों के साथ संरेखित करने का एक अनिवार्य हिस्सा है। इसे कल्पना करें: आप एक खाली कैनवास के सामने खड़े हैं, परिवर्तन के लिए अपने दृष्टिकोण को चित्रित करने के लिए तैयार हैं। अपनी ताकत, रुचियों और उस प्रभाव पर विचार करके शुरू करें जिसे आप बनाना चाहते हैं। अपने उद्देश्यों को स्पष्ट रूप से निर्धारित करें। उदाहरण के लिए, यदि आप स्कूलों में मानसिक स्वास्थ्य की वकालत करना चाहते हैं, तो ऐसा करने के तरीके खोजें- कार्यशालाओं का आयोजन करना, सोशल मीडिया अभियान बनाना या ब्लॉग शुरू करना। उन विशिष्ट चरणों को लिखें जिन्हें आपको उठाने की आवश्यकता है, जैसे कि स्थानीय स्कूलों तक पहुँचना, मानसिक स्वास्थ्य पेशेवरों से जुड़ना, या ऐसे सहयोगियों को खोजना जो आपके दृष्टिकोण को साझा करते हैं। आपकी योजना जितनी विस्तृत होगी, आप उतने ही अधिक उत्तरदायी महसूस करेंगे। मैं अक्सर खुद को याद दिलाता हूं कि जैसे-जैसे मैं आगे बढ़ता हूं, अपनी योजना को समायोजित करना ठीक है- लचीलेपन से अप्रत्याशित अवसर मिल सकते हैं।

हर यात्रा में आपको जमीन पर टिके रहने के लिए एक व्यावहारिक सुझाव की आवश्यकता होती है। अपने वकालत

को जीवित रखने का एक शक्तिशाली तरीका अपने अनुभवों को दस्तावेज में दर्ज करना है। अपनी चुनौतियों, प्रगति और अपने द्वारा छुए गए जीवन के बारे में जर्नल लिखें। यह अभ्यास न केवल आपको अपने विकास पर विचार करने में मदद करेगा, बल्कि यह कठिन दिनों में प्रेरणा का स्रोत भी बनेगा। आप यह भी पा सकते हैं कि आपकी अपनी कहानी समान पथ पर चल रहे साथी अधिवक्ताओं को प्रेरित और उत्साहित कर सकती है। याद रखें, आप जो बदलाव चाहते हैं, वह आपसे ही शुरू होता है। आगे बढ़ें, प्रतिबद्ध रहें और देखें कि कैसे आपके कार्य दूसरों में इस सार्थक यात्रा में आपके साथ जुड़ने की आग जला सकते हैं।

13.3 प्रेरणादायी रोल मॉडल और उनकी कहानियाँ

कई महिलाओं ने अविश्वसनीय चुनौतियों का सामना किया है, फिर भी उन्होंने अपने दर्द को शक्तिशाली वकालत में बदल दिया। उदाहरण के लिए, मलाला यूसुफजई की कहानी लें। उनकी यात्रा पाकिस्तान के एक छोटे से गाँव से शुरू हुई जहाँ उन्होंने शिक्षा के अपने अधिकार के लिए लड़ाई लड़ी। एक भयानक हमले से बचने के बाद, वह चुप नहीं बैठी; इसके बजाय, वह पहले से कहीं ज़्यादा ज़ोर से बोली। मलाला ने अपने डर को उम्मीद के संदेश में बदल दिया, दुनिया भर की लड़कियों को अपने सपनों को पूरा करने के लिए प्रेरित किया, चाहे जीवन में कितनी भी बाधाएँ क्यों न

हों। शिक्षा और महिलाओं के अधिकारों के लिए उनकी वकालत ने अनगिनत लड़कियों को अपने भीतर की ताकत और वे जो बदलाव ला सकती हैं, उसका एहसास कराया है। फिर #MeToo आंदोलन की संस्थापक तराना बर्क हैं। तराना ने व्यक्तिगत आघात का अनुभव किया और यौन हिंसा को खुले तौर पर संबोधित करने की सामाजिक आवश्यकता को पहचाना। उन्होंने अपने दर्द को एक शक्तिशाली रैली के नारे में बदल दिया, सभी पृष्ठभूमि की महिलाओं को अपनी कहानियाँ साझा करने और अपनी आवाज़ वापस पाने के लिए प्रोत्साहित किया। इनमें से प्रत्येक महिला हमें व्यक्तिगत दर्द को शक्ति और वकालत के स्रोत में बदलने की निर्विवाद शक्ति दिखाती है।

उनकी यात्राओं में प्रेरणा पाकर हम अपने खुद के रास्ते की कल्पना कर सकते हैं। हर कहानी हमें याद दिलाती है कि प्रतिकूलता ताकत, लचीलापन और उद्देश्य की ओर ले जा सकती है। मैं अक्सर उन चुनौतियों के बारे में सोचता हूँ जिनका मैंने सामना किया है और कैसे उन्होंने मुझे आज जो बनाया है उसे आकार दिया है। जब मैं अभिभूत या अनिश्चित महसूस करता हूँ, तो मैं मलाला और तराना जैसी महिलाओं की कहानियों को देखता हूँ ताकि खुद को याद दिला सकूँ कि उठना और बदलाव लाना संभव है। वे दिखाते हैं कि हम न केवल अपने जीवन में, बल्कि अपने आस-पास की दुनिया में भी बदलाव ला सकते हैं। उनकी यात्राएँ हमें अपनी आवाज़

खोजने, अपनी कहानियाँ साझा करने और उन लोगों से जुड़ने के लिए प्रेरित करती हैं जो शायद समान संघर्षों से गुज़र रहे हों। हर किसी का रास्ता अनोखा होता है, लेकिन हम सभी में खुद के लिए और दूसरों के लिए वकालत करने की क्षमता होती है, जिससे एक ऐसा स्थान बनता है जहाँ हर कोई बोलने के लिए सशक्त महसूस करता है।

इन कहानियों पर विचार करते समय, विचार करें कि आपके अनुभव, चाहे कितने भी दर्दनाक क्यों न हों, बदलाव के लिए एक शक्तिशाली उत्प्रेरक बन सकते हैं। इस बारे में सोचें कि आप अपने जीवन में किस चीज़ की सबसे ज़्यादा परवाह करते हैं। शायद कोई ऐसा मुद्दा हो जो आपके साथ गूंजता हो या कोई सामुदायिक ज़रूरत हो जिसके बारे में आप भावुक हों। उस जुनून को अपनाएँ, क्योंकि मलाला और तराना की तरह, आपके पास बदलाव को प्रेरित करने की क्षमता है। छोटी शुरुआत करें; अपने अनुभवों के बारे में बात करें, दूसरों से जुड़ें और अपने विचारों को साझा करें कि आपके लिए क्या मायने रखता है। हर आवाज़ मायने रखती है, और अपनी आवाज़ का इस्तेमाल करके, आप एक ऐसा प्रभाव पैदा कर सकते हैं जो न केवल आपको, बल्कि आपके बगल में बैठी लड़की या आपके आस-पास के समुदाय को भी सशक्त बनाता है। याद रखें, आपका दर्द आपके भविष्य की वकालत, शक्ति का पोषण और आपकी कहानी सुनने वालों को प्रेरित करने की मिट्टी बन सकता है।

अध्याय 14. अपनी आंतरिक शक्ति को अपनाना

14.1 अपनी अद्वितीय शक्ति को पहचानना

अपनी ताकत को समझना मेरे लिए आत्म-खोज से भरी यात्रा रही है। मुझे याद है कि मैं आईने के सामने खड़ा था, कभी-कभी मुझे पूरी तरह से पता नहीं चलता था कि लड़की मुझे घूर रही है। समय के साथ, मैंने सीखा कि हमारी ताकतें न केवल हमारी उपलब्धियों को परिभाषित करती हैं, बल्कि यह भी बताती हैं कि हम कौन हैं। इन ताकतों को पहचानना बहुत ज़रूरी है क्योंकि वे हमारी लचीलापन को आकार देती हैं, जिससे हम आत्मविश्वास के साथ चुनौतियों का सामना कर पाते हैं। उदाहरण के लिए, जब मुझे स्कूल में एक समूह परियोजना का नेतृत्व करने के लिए चुना गया था, तो मेरे शुरुआती संदेह ने मुझे अपनी क्षमताओं पर सवाल उठाने पर मजबूर कर दिया था। हालाँकि, मुझे एहसास हुआ कि संगठन के लिए मेरी योग्यता और दूसरों के प्रति मेरी स्वाभाविक सहानुभूति ने मुझे अपनी टीम का प्रभावी ढंग से मार्गदर्शन करने के लिए सशक्त बनाया। उस परियोजना के दौरान हर छोटी जीत ने मेरी पहचान को मजबूत किया, मुझे याद दिलाया कि ताकतें केवल हमारे पास मौजूद कौशल नहीं हैं, बल्कि हमारे साहस, धैर्य और दृढ़ता के मोती भी हैं।

ऐसी गतिविधियों में शामिल होना जो हमें अपनी शक्ति को स्वीकार करने और अपनाने में मदद करती हैं, जीवन बदल सकती हैं। अपनी विशिष्टता को व्यक्त करने और उसका जश्न मनाने के तरीके खोजने से हम उस आंतरिक शक्ति से जुड़ सकते हैं। मैंने जर्नलिंग शुरू की, अपने अनुभवों, भावनाओं और रास्ते में खोजी गई शक्तियों को लिखना शुरू किया। इस सरल अभ्यास ने न केवल मुझे अपनी यात्रा पर चिंतन करने में मदद की, बल्कि उन चीजों को भी उजागर किया जिन्हें मैं अक्सर हल्के में लेता था। स्थानीय क्लबों या स्वयंसेवी समूहों में शामिल होना जहाँ मैं अपने कौशल को साझा कर सकता था, ने यह भी बताया कि खुद से बड़ी किसी चीज़ में योगदान देना कितना सशक्त है। यह केवल मान्यता के बारे में नहीं था, बल्कि यह एहसास था कि हममें से प्रत्येक के पास ऐसी शक्ति है जो दूसरों के जीवन को बदल सकती है। चाहे वह कला, खेल या सामुदायिक सेवा के माध्यम से हो, अपना स्थान खोजने से हमें अपने अनूठे योगदान को देखने का मौका मिलता है, जिससे हमारा आत्मविश्वास और हमारी क्षमताओं की समझ दोनों का निर्माण होता है।

याद रखें, अपनी अनूठी शक्ति को पहचानना एक निरंतर चलने वाला काम है। हर दिन आपको अपनी ताकत और आपके द्वारा किए जा सकने वाले सकारात्मक प्रभाव पर विचार करने का मौका देता है। अपनी यात्रा को गले लगाओ,

यह जानते हुए कि आपके पास पहले से ही लचीला होने के लिए उपकरण हैं। आज आप जो व्यावहारिक कदम उठा सकते हैं, वह है अपनी तीन ताकतों को लिखना और एक ऐसा हाल का पल जब आपने खुद को सशक्त महसूस किया। जैसे-जैसे आप अपने बारे में और अधिक खोजते हैं, इस सूची को फिर से देखना और इसमें कुछ और जोड़ना अपनी आदत बना लें। आपकी शक्ति सिर्फ़ बड़ी उपलब्धियों में नहीं है, बल्कि आप कौन हैं, इसकी छोटी-छोटी, दैनिक पुष्टि में है।

14.2 सशक्तिकरण के लिए दैनिक अभ्यास

दैनिक प्रतिज्ञान बनाना मेरे लिए एक गेम चेंजर रहा है। मुझे याद है कि पहली बार जब मैं आईने के सामने खड़ा था, तो अपनी प्रतिज्ञान को दोहराने से पहले एक गहरी साँस ली। "मैं मजबूत हूँ। मैं प्यार का हकदार हूँ। मेरे पास एक आवाज़ है जो मायने रखती है।" पहले तो यह अजीब लगा, लगभग ऐसा लगा जैसे मैं दिखावा कर रहा हूँ, लेकिन प्रत्येक दोहराव के साथ, मुझे अंदर एक छोटी सी चिंगारी महसूस हुई। उन वाक्यांशों ने संदेह और असुरक्षा की जगह लेना शुरू कर दिया। ऐसा लगता है जैसे मैं अपने मन में आत्मविश्वास के बीज बो रहा हूँ। अब, मैं अपने आप को हर हफ्ते नए प्रतिज्ञान बनाने की चुनौती देता हूँ, अपने जीवन के विभिन्न पहलुओं पर ध्यान केंद्रित करता हूँ - चाहे वह मेरे कौशल हों,

मेरे सपने हों या मेरी योग्यता। बस उस पल को रुकने और खुद को याद दिलाने के लिए कि हम कौन हैं और हम क्या हो सकते हैं, अविश्वसनीय रूप से सशक्त बनाता है।

आत्म-देखभाल पर केंद्रित दिनचर्या बनाने से मेरी दैनिक ऊर्जा में काफ़ी बदलाव आया। मैंने हर सुबह सिर्फ़ अपने लिए समय निकाला। इसका मतलब था कि मुझे थोड़ा पहले उठना पड़ा, लेकिन यह इसके लायक था। मैं अपने दिन की शुरुआत एक गर्म कप चाय और कुछ मिनट ध्यान के साथ करता हूँ। यह शुरुआत से ही एक सकारात्मक माहौल बनाता है। जिन दिनों मैं व्यस्त होता हूँ, मैं इसे छोड़ सकता हूँ, लेकिन मुझे हमेशा फर्क महसूस होता है, जैसे कवच का एक टुकड़ा गायब है। मैं अपने आप को सरल सुख भी देता हूँ, जैसे अपने विचारों के बारे में जर्नलिंग करना या प्रकृति में छोटी सैर का आनंद लेना। सकारात्मक सुदृढीकरण के लिए अपने जीवन में जगह बनाने में अक्सर खुद को उत्थानकारी सामग्री- किताबें, संगीत या यहाँ तक कि प्रेरक पॉडकास्ट से घेरना शामिल होता है। मुझे लगता है कि आत्म-प्रेम के ये छोटे-छोटे कार्य मेरी मानसिकता में एक लहर जैसा प्रभाव पैदा करते हैं, जिससे आगे आने वाली चुनौतियों का सामना करना आसान हो जाता है।

जैसे-जैसे मैंने इन अभ्यासों को अपनाया, मुझे एहसास हुआ कि सशक्तिकरण का मतलब निरंतरता है। मैं जो भी सकारात्मक प्रतिज्ञान दोहराता हूँ और खुद की देखभाल के

लिए समर्पित हर पल एक आंतरिक शक्ति का निर्माण करता है जो चुनौतियों का सामना कर सकती है। अपनी खुशी और विकास के लिए प्रतिबद्ध होने के बारे में कुछ खूबसूरती से गहरा है। यदि आप एक व्यावहारिक सुझाव की तलाश में हैं, तो हर दिन सिर्फ दस मिनट का समय निकालकर अपने बारे में तीन चीजें लिखने का प्रयास करें जिनकी आप सराहना करते हैं। यह छोटा लगता है, लेकिन यह आपके खुद के मूल्य को देखने के तरीके में एक अविश्वसनीय परिवर्तन को प्रज्वलित कर सकता है।

14.3 अपनी विकास यात्रा का जश्न मनाना

अपनी यात्रा पर विचार करते हुए, मुझे एहसास हुआ कि आज मैं जो हूँ, उसे आकार देने में हर मील के पत्थर ने महत्वपूर्ण भूमिका निभाई है। असफलता के दिल टूटने से लेकर सफलता के रोमांच तक, हर चुनौती ने मेरे व्यक्तित्व में कई परतें जोड़ी हैं। मुझे हाई स्कूल का वह समय याद है जब मैंने और मेरे सबसे अच्छे दोस्त ने वाद-विवाद टीम में शामिल होने का फैसला किया था। हम दूसरों के सामने बोलने से डरते थे, लेकिन फिर भी हमने खुद को आगे बढ़ाया। हंसी और आंसुओं से भरे देर रात के अभ्यास सत्र मेरे जीवन में एक निर्णायक क्षण बन गए। यह केवल प्रतियोगिता जीतने के बारे में नहीं था; यह मेरे विचारों को व्यक्त करना और अपने विश्वासों के लिए खड़ा होना सीखने के बारे में था। प्रत्येक

छोटी जीत, हर पल जब मुझे आत्मविश्वास की लहर महसूस हुई, मेरे व्यक्तिगत विकास में एक कदम आगे बढ़ा। पीछे मुड़कर देखने पर, मैं अब समझता हूँ कि वे अनुभव केवल गतिविधियाँ नहीं थीं; वे आधारभूत मील के पत्थर थे जिन्होंने मुझे लचीलापन और आत्म-खोज सिखाई।

अपने विकास का सम्मान करने के लिए मुझे अपने मार्ग पर आगे बढ़ने के लिए आवश्यक साहस को स्वीकार करना होगा। रोज़मर्रा के संघर्षों में उलझ जाना और यह भूल जाना कि हम कितनी दूर आ गए हैं, बहुत आसान है। हर बार जब मैंने सार्वजनिक रूप से बोलने या किसी प्रोजेक्ट पर नेतृत्व करने की हिम्मत की, तो संदेह पैदा हुआ, फिर भी मैंने आगे बढ़ने का फैसला किया। मुझे याद है कि अपने पहले दिन कॉलेज में प्रवेश करते समय, नए लोगों की भीड़ के बीच मैं खुद को छोटा महसूस कर रही थी, लेकिन मुझे वह दृढ़ संकल्प भी याद है जिसने मुझे आगे बढ़ने के लिए प्रेरित किया। मैंने जो रिश्ते बनाए और जो ज्ञान मैंने प्राप्त किया, वह मेरे साहस का प्रमाण था। वे क्षण न केवल मेरी ताकत को दर्शाते हैं, बल्कि अक्सर हमारे ऊपर छाया रहने वाले डर के बावजूद, विकसित होने की मेरी प्रतिबद्धता को भी दर्शाते हैं। सपनों का पीछा करने, सामाजिक मानदंडों को चुनौती देने और सुनने पर जोर देने के लिए साहस की आवश्यकता होती है, और मैं खुद की और हर उस युवा महिला की सराहना करती हूँ जो यह छलांग लगाने का साहस करती है।

इस यात्रा का जश्न मनाते हुए, मैंने सीखा है कि अपने विकास को पहचानना ज़रूरी है। आगे बढ़ने के लिए उठाया गया हर कदम सम्मान पाने का हकदार है, चाहे वह कोई नया कौशल सीखना हो, किसी डर पर काबू पाना हो या बस खुद के साथ तालमेल बिठाना हो। इन पलों को याद रखना बहुत ज़रूरी है, शायद जर्नलिंग के ज़रिए या ऐसे दोस्तों के साथ जश्न मनाकर जो आपको उत्साहित और प्रेरित करते हैं। भविष्य की तैयारी करते हुए खुद को अतीत पर चिंतन करने का मौका दें। हर अनुभव, यहाँ तक कि वे भी जो उस समय महत्वहीन लग रहे थे, ने आज आपको जो व्यक्ति बनाया है, उसमें योगदान दिया है। अपनी यात्रा के लिए कृतज्ञता विकसित करने से निरंतर विकास और लचीलापन मिलता है। यह जश्न पूर्णता के बारे में नहीं है; यह प्रक्रिया के हर हिस्से को अपनाने और आपके द्वारा उठाए गए साहसी कदमों का सम्मान करने के बारे में है। याद रखें, हर मील का पत्थर, चाहे वह बड़ा हो या छोटा, आपकी ताकत और दृढ़ संकल्प का प्रमाण है।

अध्याय 15. भविष्य की तैयारी

15.1 एक मजबूत कल के लिए लक्ष्य निर्धारित करना

अपने भविष्य के लिए यथार्थवादी और सशक्त लक्ष्य निर्धारित करना वास्तव में आपके जीवन की दिशा बदल सकता है। मुझे याद है जब मैं किशोर था, तो मेरे आगे की संभावनाओं से मैं अभिभूत महसूस कर रहा था। मैं ऐसा व्यक्ति बनना चाहता था जो बदलाव ला सके, लेकिन उस सपने की विशालता मुझे पंगु बना रही थी। जब तक मैंने अपने बड़े सपनों को छोटे, कार्रवाई योग्य चरणों में तोड़ना शुरू नहीं किया, तब तक मुझे प्रगति दिखाई नहीं दी। यह कहने के बजाय कि मैं दुनिया को बदलना चाहता हूँ, मैंने अपना ध्यान छोटे लक्ष्यों पर केंद्रित किया - जैसे कि किसी स्थानीय चैरिटी में स्वयंसेवा करना या कोई सामुदायिक परियोजना शुरू करना। हर बार जब मैंने ये छोटे मील के पत्थर हासिल किए, तो मेरा आत्मविश्वास बढ़ा और मैं बड़े सपनों तक पहुँचने के लिए और अधिक सशक्त महसूस करने लगा। सशक्त लक्ष्य उस संतुलन को खोजने के बारे में हैं जहाँ आप खुद को निराश किए बिना खुद को चुनौती देते हैं। अपनी नज़र उन चीज़ों पर रखना ज़रूरी है जो आपके लिए वास्तव में मायने रखती हैं और सुनिश्चित करें कि

आपके लक्ष्य आपके जुनून और सपनों के साथ प्रतिध्वनित हों।

अपने लक्ष्यों को प्राप्त करने के लिए कदमों की पहचान करना और अपनी प्रगति को प्रभावी ढंग से ट्रैक करना आपके विज़न को वास्तविकता में बदल सकता है। मुख्य बात यह है कि उन छोटे लक्ष्यों को लें और उन्हें मैप करें, जिससे आपके बड़े सपनों की ओर एक स्पष्ट रास्ता बन सके। मैंने एक साधारण नोटबुक का उपयोग किया, जिसमें मैंने अपने लक्ष्य लिखे और प्रत्येक को प्राप्त करने के लिए आवश्यक कदमों को सूचीबद्ध किया। जैसे-जैसे मैं आगे बढ़ता गया, चीजों को चेक करता गया और रोमांचित महसूस करता गया! मैंने अपनी प्रगति पर साप्ताहिक रूप से चिंतन करने की भी आदत बना ली। इन सत्रों के दौरान, मैं खुद से पूछता था कि क्या काम किया, क्या नहीं, और मैं अपनी योजनाओं को आगे बढ़ाने के लिए कैसे समायोजित कर सकता हूँ। इस यात्रा को साझा करने के लिए एक गुरु या मित्र को ढूंढना भी अविश्वसनीय रूप से प्रेरक हो सकता है। हम एक-दूसरे को ऊपर उठा सकते हैं, कठिन समय के दौरान समर्थन दे सकते हैं और साथ मिलकर अपनी जीत का जश्न मना सकते हैं। याद रखें, यह केवल मंजिल के बारे में नहीं है, बल्कि यात्रा का आनंद लेने और रास्ते में खुद के बारे में जानने के बारे में भी है।

अंत में, हमेशा ध्यान रखें कि जैसे-जैसे आप बड़े होते हैं और बदलते हैं, अपने लक्ष्यों को संशोधित करना ठीक है। जीवन आश्चर्यों से भरा है, और कभी-कभी हम जो सोचते हैं कि हम चाहते हैं वह अब हमारे साथ मेल नहीं खाता है। उस लचीलेपन को अपनाएँ, और जब आवश्यक हो तो गियर बदलने से न डरें। मैंने एक बार एक कॉर्पोरेट नौकरी के लिए लक्ष्य बनाया था जो ग्लैमरस लगती थी, लेकिन अपनी यात्रा के दौरान, मुझे रचनात्मक लेखन के लिए अपना जुनून पता चला। इस बदलाव ने मुझे पीछे नहीं छोड़ा; इसके बजाय, इसने ऐसे दरवाजे खोले जिनके बारे में मुझे कभी पता नहीं था। खुद को बदलने और अनुकूल होने की अनुमति दें, और पूरी प्रक्रिया के दौरान अपनी भावनाओं और अनुभवों पर नज़र रखें। जर्नलिंग इस संबंध में एक शक्तिशाली उपकरण हो सकता है, जो आपको अपनी आकांक्षाओं से जुड़े रहने और अपने विकास को प्रतिबिंबित करने में मदद करता है। उच्च लक्ष्य रखें, छोटे कदम उठाएँ, और हमेशा अपनी प्रगति को मापें, और आप अपने लिए एक मजबूत कल का निर्माण करेंगे।

15.2 स्वतंत्र जीवन का निर्माण

स्वतंत्रता का विकास करना केवल अकेले खड़े होने के बारे में नहीं है; यह आपके सपनों को पूरा करने की ताकत पाने के साथ-साथ उन लोगों के समर्थन पर निर्भर होने के बारे में भी है

जो आपकी परवाह करते हैं। मुझे याद है कि पहली बार मैं अपने दम पर कुछ हासिल करना चाहता था—एक सामुदायिक कार्यक्रम का आयोजन करना। मैं नर्वस था लेकिन दृढ़ निश्चयी था। मैंने अपने दोस्तों और परिवार के लोगों से संपर्क किया, अपने विचार साझा किए और उनकी सलाह और समर्थन मांगा। उन्हें इस प्रक्रिया में शामिल करके, मैंने न केवल जवाबदेही का एक नेटवर्क बनाया, बल्कि अमूल्य अंतर्दृष्टि भी प्राप्त की, जिसने इस आयोजन को मेरे अकेले किए जाने से कहीं अधिक बड़ा बनाने में मदद की। स्वतंत्रता का मतलब अलगाव नहीं है; यह खुद को सशक्त बनाने के बारे में है, साथ ही यह पहचानना भी है कि जरूरत पड़ने पर मदद मांगना पूरी तरह से ठीक है। आपके मित्र, सलाहकार और परिवार आपके सर्वश्रेष्ठ बनने की यात्रा में आपके सबसे बड़े सहयोगी हो सकते हैं

आवश्यक जीवन कौशल आत्मनिर्भरता की आधारशिला हैं, जो आपको आत्मविश्वास के साथ चुनौतियों का सामना करने के लिए तैयार करने वाले उपकरणों के रूप में कार्य करते हैं। खाना पकाना एक ऐसा कौशल था जो मैंने बहुत पहले ही सीख लिया था। सबसे पहले, मैंने कुछ भोजन जला दिए और कुछ बहुत ही संदिग्ध व्यंजन बनाने में कामयाब रहा, लेकिन मैंने इसे जारी रखा; प्रत्येक आपदा ने मुझे कुछ नया सिखाया। अपने वित्त का प्रबंधन करना सीखना एक और महत्वपूर्ण कदम था। बजट बनाने से मुझे पैसे का मूल्य

समझने, अपनी मनचाही चीज़ों के लिए बचत करने और अपने खर्च को प्राथमिकता देने में मदद मिली। संगठन और समय प्रबंधन के साथ-साथ ये कौशल दैनिक तनावों के खिलाफ़ मेरे गुप्त हथियार बन गए। जीवन कौशल अपनाने से आपको न केवल स्वतंत्रता मिलती है; वे आपकी आत्मा को भी पोषित करते हैं, हर बार जब आप किसी नई चुनौती का सामना करते हैं तो आपको उपलब्धि की भावना से भर देते हैं। सीखा गया हर छोटा सबक आपके जीवन में अधिक स्वतंत्रता की ओर एक कदम है।

याद रखें कि स्वतंत्रता का निर्माण एक निरंतर चलने वाली यात्रा है, न कि एक मंजिल। रास्ते में मिलने वाली छोटी-छोटी जीत का जश्न मनाएँ, चाहे वह टायर बदलना सीखना हो, कला का एक सुंदर टुकड़ा बनाना हो, या किसी समूह के सामने आत्मविश्वास से बोलना हो। हर पल मायने रखता है। हर कदम आपके लचीलेपन और आत्मविश्वास को बढ़ाता है, आपको उस व्यक्ति के करीब लाता है जिसे आप खुद बनना चाहते हैं। यह जानना एक अद्भुत एहसास है कि आप दूसरों के साथ अपने रिश्तों को संजोते और पोषित करते हुए भी खुद पर निर्भर रह सकते हैं। जब जीवन कठिन या भ्रमित करने वाला हो, तो रुकें और जो कुछ भी आपने सीखा है और अपने आस-पास के मजबूत समर्थन तंत्र पर विचार करें। यह आपको चुनौतियों के माध्यम से मार्गदर्शन करेगा और आपको दिखाएगा कि स्वतंत्रता उतनी ही आत्म-खोज के बारे

में है जितनी कि उन कनेक्शनों को अपनाने के बारे में है जो आपको आगे बढ़ते रहने के लिए प्रेरित करते हैं। स्वायत्तता और समुदाय के इस संतुलनकारी कार्य में आनंद पाएँ, और उस खूबसूरत स्वतंत्रता में पनपें जिसे आप बना रहे हैं।

15.3 सशक्तिकरण की यात्रा जारी रखना

आजीवन सीखने को अपनाना आपके सशक्तिकरण की यात्रा में सबसे समृद्ध अनुभवों में से एक है। यह एक ऐसे रास्ते पर चलने जैसा है जिसका कोई अंत नहीं है, लगातार नए ज्ञान और अंतर्दृष्टि को सामने लाना। मुझे याद है जब मुझे पहली बार एहसास हुआ कि मुझे कितना कुछ नहीं पता था। मैं व्यक्तिगत वित्त के बारे में एक कार्यशाला में बैठा था, एक बुद्धिमान महिला को कर्ज में डूबे होने से लेकर आर्थिक रूप से स्वतंत्र होने तक की अपनी यात्रा के बारे में बताते हुए सुन रहा था। जैसे-जैसे मैंने नोट्स लिए, मैंने सशक्त और प्रेरित महसूस किया, यह समझते हुए कि प्राप्त ज्ञान का हर अंश मेरे भविष्य के लिए एक आधारशिला था। आजीवन सीखने को अपनाने का मतलब है उन अनुभवों के लिए खुला रहना जो आपको चुनौती दे सकते हैं लेकिन आपके क्षितिज का विस्तार भी कर सकते हैं। चाहे वह किसी कक्षा में दाखिला लेना हो, कोई किताब उठाना हो, या अपने आस-पास के लोगों की कहानियों से सीखना हो, ज्ञान का हर टुकड़ा आपको आकार देता है कि आप कौन हैं और आप

क्या हासिल कर सकते हैं। यह जिज्ञासा के बारे में है - खोज करने और बढ़ने की इच्छा को बढ़ावा देना, यह जानना कि छोटे कदम भी शक्तिशाली परिवर्तनों की ओर ले जाते हैं।

सशक्तीकरण की आपकी यात्रा में सहायक समुदायों के साथ जुड़े रहना भी उतना ही महत्वपूर्ण है। अपने आस-पास ऐसे लोगों को रखना जो आपको ऊपर उठाते हैं, प्रेरित करते हैं और प्रोत्साहित करते हैं, विकास के लिए एक आधार तैयार करता है जो आपके जीवन को बदल सकता है। मैं पहली बार उस समय को कभी नहीं भूल पाऊँगी जब मैं उद्यमिता की खोज कर रही युवा महिलाओं के एक स्थानीय समूह में शामिल हुई थी। हम अपने सपनों, चुनौतियों और सफलताओं पर चर्चा करने के लिए साप्ताहिक रूप से मिलते थे। ऊर्जा संक्रामक थी। जैसे-जैसे हमने अपनी कहानियाँ साझा कीं, मुझे लगा कि मेरे ऊपर प्रेरणा की लहर दौड़ गई है, यह महसूस करते हुए कि मैं अपने संघर्षों में अकेली नहीं थी। प्रत्येक महिला ने अपने अनूठे अनुभव पेश किए, और साथ मिलकर हमने सशक्तीकरण का माहौल तैयार किया। चाहे वह क्लबों, सोशल मीडिया समूहों या स्थानीय मीट-अप के माध्यम से हो, आपके विकास का समर्थन करने वाला समुदाय ढूँढना एक जुड़ाव और साझा उद्देश्य की भावना प्रदान करता है। ये कनेक्शन न केवल आपके आत्मविश्वास को बढ़ाते हैं बल्कि आपको ऐसे अमूल्य संसाधन और

दृष्टिकोण भी प्रदान करते हैं जो आपको आगे बढ़ने में मदद करते हैं।

जैसे-जैसे आप अपनी सशक्तिकरण यात्रा जारी रखते हैं, याद रखें कि आजीवन सीखना और सहायक समुदाय दोनों ही महत्वपूर्ण हैं। वे आपको अपने आराम क्षेत्र से बाहर निकलने और नए अनुभवों को अपनाने के लिए प्रोत्साहित करते हैं। आरंभ करने के लिए एक व्यावहारिक सुझाव यह है कि अपने जीवन में एक ऐसे क्षेत्र की पहचान करें जहाँ आपको लगता है कि आप आगे बढ़ सकते हैं और उससे संबंधित एक सीखने का अवसर तलाशें - चाहे वह कोई किताब पढ़ना हो, कोई ऑनलाइन कोर्स करना हो या फिर किसी चर्चा समूह में शामिल होना हो। इसी तरह, उन लोगों तक पहुँचें और उनसे जुड़ें जो आपकी रुचियों और महत्वाकांक्षाओं को साझा करते हैं। इस तरह आप एक ऐसा जीवन बनाते हैं जो आपकी पूरी क्षमता को दर्शाता है।

निष्कर्ष – जीवन का सबसे बड़ा अवसर!

घरेलू हिंसा और यौन शोषण के मुद्दों से निपटने में मुझे जो सबसे बड़ी मदद मिली, वह ईश्वर और खुद के साथ शांति पाने में थी। ताकत पाने का अंतिम स्थान ईसा मसीह के माध्यम से ईश्वर में है, जैसा कि मैंने आघात और अंततः उपचार की अपनी यात्रा में अनुभव किया है। प्रार्थना और विश्वास ने ठीक होने और उपचार में बहुत महत्वपूर्ण भूमिका निभाई।

बाइबल में दो महत्वपूर्ण कहानियाँ थीं जिन्होंने मुझे समस्याओं से निपटने में मदद की और साथ ही यीशु मसीह के साथ मेरी बातचीत की कहानी भी - वास्तविक जीवन! आइए नीचे दिए गए दो कहानियों से शुरू करें:

वे ये हैं:

लूका 4:17-19

एम्प्लीफाइड बाइबल, क्लासिक संस्करण

17 और यशायाह भविष्यद्वक्ता की पुस्तक उसके हाथ में दी गई, और उस ने खोलकर वह स्थान निकाला, जहां लिखा था।

18 प्रभु का आत्मा मुझ पर है, इसलिये कि उस ने कंगालों को सुसमाचार सुनाने के लिये मेरा अभिषेक किया है; और

मुझे इसलिये भेजा है, कि बन्दियों को रिहाई का और अंधों को दृष्टि पाने का समाचार दूं और सताए हुए लोगों को छुड़ाऊं ।

[19] *कि प्रभु के ग्रहणयोग्य वर्ष का प्रचार करो। [वह दिन जब उद्धार और परमेश्वर की कृपा बहुतायत से होगी] ।*

यूहन्ना 8:1-12

किंग जेम्स संस्करण

8 **यीशु जैतून पहाड़ पर गया।**

[2] **और भोर को वह फिर मन्दिर में आया, और सब लोग उसके पास आए; और वह बैठकर उन्हें उपदेश देने लगा।**

[3] **तब शास्त्री और फरीसी एक *स्त्री को जो व्यभिचार में पकड़ी गई थी, उसके पास लाए*, और उसे बीच में खड़ी करके कहा।**

[4] **उन्होंने उस से कहा; *हे गुरु, यह स्त्री व्यभिचार करते ही पकड़ी गई है।***

[5] **अब मूसा ने व्यवस्था में हमें आज्ञा दी है, कि ऐसे लोगों को पत्थरवाह किया जाए; परन्तु तू क्या कहता है?**

6 उन्होंने उस पर दोष लगाने के लिये यह बात कही, परन्तु
यीशु झुककर उँगली से भूमि पर लिखने लगा, मानो वह
उनकी बात सुनता ही न हो।

7 जब वे उस से पूछते रहे, तो उस ने सीधे होकर उन से
कहा; तुम में जो निष्पाप हो, वही पहिले उसको पत्थर
मारे।

8 फिर वह फिर झुककर भूमि पर लिखने लगा।

9 और लोग यह सुनकर अपने अपने विवेक से दोषी ठहरे,
और बड़े से लेकर छोटे तक, एक एक करके बाहर चले
गए; और यीशु अकेला रह गया, और स्त्री बीच में खड़ी रह
गई।

10 जब यीशु ने सीधे होकर उस स्त्री को छोड़ और किसी
को न देखा, तो उस से कहा; हे नारी, तेरे मुद्दई कहां गए?
क्या किसी ने तुझे दोषी नहीं ठहराया?

11 उस ने कहा, हे प्रभु, ऐसा नहीं: यीशु ने उस से कहा, मैं भी
तुझ पर दंड की आज्ञा नहीं देता; जा, और फिर पाप न
करना।

12 तब यीशु ने फिर उन से कहा, जगत की ज्योति मैं हूं; जो
मेरे पीछे हो लेगा, वह अंधकार में न चलेगा, परन्तु जीवन
की ज्योति पाएगा।

एक ऐसे मुद्दे पर विचार-विमर्श था जो मुझे लंबे समय से परेशान कर रहा था और मैं अपने दिल में इस पर विचार करता रहा, फिर एक दिन मैंने यीशु से पूछने का फैसला किया। मैंने पूछा, "यीशु, क्यों पीढ़ियों से और बाइबल में भी महिलाओं के साथ इतना बुरा व्यवहार किया जाता है?" उनका जवाब चौंकाने वाला था - उन्होंने कहा, "मैं महिलाओं के साथ कैसा व्यवहार करता हूँ?" मैंने कहा, हाँ! मुझे जवाब मिल गया! यीशु महिलाओं के साथ कैसा व्यवहार करते थे? पूरे शास्त्र में, यीशु ने महिलाओं के साथ सम्मान से व्यवहार किया। लूका 8:1-3 **में, हम पढ़ते हैं कि महिलाएँ ही यीशु की सेवकाई का समर्थन कर रही थीं। जब वह मृतकों में से जी उठा, तो उसने खुद को सबसे पहले मरियम मगदलीनी को दिखाया (मरकुस** 16:9.)

उस दिन से, मैं वह सब करने के लिए स्वतंत्र हो गया जिसे करने के लिए परमेश्वर ने मुझे बुलाया था, क्योंकि यीशु मसीह के समक्ष मैं उसके लिए विशेष हूँ और जिस क्षेत्र में मैंने सबसे अधिक कष्ट झेले हैं, उसमें उसने मेरे लिए महान योजनाएँ बनाई हैं, ताकि वह मेरी प्रतिकूलता को लाभ में बदल सके!

बच्चों के लिए उसने मत्ती 19:14 में कहा

नया अंतर्राष्ट्रीय संस्करण

14 यीशु ने कहा, " बालकों को मेरे पास आने दो , और उन्हें मना न करो, क्योंकि स्वर्ग का राज्य ऐसों का है।"

परमेश्वर का राज्य बच्चों को दिया जाता है और फिर उसने मत्ती 18:3-5 किंग जेम्स वर्शन (KJV) में कहा ***और कहा, मैं तुमसे सच कहता हूँ, जब तक तुम न फिरो और छोटे बच्चों की तरह न बनो, तुम स्वर्ग के राज्य में प्रवेश नहीं कर पाओगे। इसलिए जो कोई अपने आप को इस छोटे बच्चे की तरह छोटा करेगा, वही स्वर्ग के राज्य में सबसे बड़ा होगा।***

ऐसा क्यों है कि जो भगवान को प्रिय है, हम उसे तुच्छ समझते हैं? महिलाओं और बच्चों को? क्यों?

इसलिए हमें अब चुप नहीं रहना चाहिए! हमें उससे लड़ना चाहिए और उसके द्वारा और उसके द्वारा अपना पक्ष रखना चाहिए!

मैं आज आपको मसीह यीशु में उद्धार के माध्यम से यीशु के साथ संबंध तलाशने का अवसर देता हूँ। मेरे साथ चलें क्योंकि मैं आपको नीचे दिए गए विवरण बताता हूँ।

https://web.facebook.com/groups/amandadaniel **पर मुझसे जुड़ें तो बेझिझक प्रश्न पूछें**

उद्धार की कहानी – उद्धार की प्रार्थना – उद्धार की प्रार्थना – परमेश्वर के साथ हमारी पहली वास्तविक बातचीत

"मुक्ति की प्रार्थना" सबसे महत्वपूर्ण प्रार्थना है जो हम कभी भी करेंगे। जब हम ईसाई बनने के लिए तैयार होते हैं, तो हम परमेश्वर के साथ अपनी पहली वास्तविक बातचीत करने के लिए तैयार होते हैं, और ये इसके घटक हैं:

- हम स्वीकार करते हैं कि यीशु मसीह परमेश्वर है; वह इस पृथ्वी पर मनुष्य के रूप में आया ताकि वह पाप रहित जीवन जिए जिसे हम नहीं जी सकते; वह हमारे स्थान पर मरा, ताकि हमें वह दण्ड न भुगतना पड़े जिसके हम पात्र हैं।

- हम अपने पिछले पापमय जीवन को स्वीकार करते हैं - अपने लिए जीना और परमेश्वर की आज्ञा का पालन न करना।

- हम स्वीकार करते हैं कि हम यीशु मसीह पर अपने उद्धारकर्ता और प्रभु के रूप में भरोसा करने के लिए तैयार हैं।

- हम यीशु से प्रार्थना करते हैं कि वह हमारे हृदय में आये, वहाँ निवास करे, और हमारे द्वारा जीवन जीना आरम्भ करे।

उद्धार की प्रार्थना – यह ईश्वर में विश्वास से शुरू होती है

जब हम उद्धार की प्रार्थना करते हैं, तो हम परमेश्वर को यह बता रहे होते हैं कि हम मानते हैं कि उसका वचन सत्य है। उसने हमें जो विश्वास दिया है, उसके द्वारा हम उस पर विश्वास करना चुनते हैं। बाइबल हमें बताती है कि " *विश्वास के बिना उसे प्रसन्न करना असंभव है, क्योंकि जो परमेश्वर के पास आता है, उसे विश्वास करना चाहिए कि वह है, और वह उन लोगों को प्रतिफल देता है जो परिश्रम से उसके खोजते हैं*" (इब्रानियों 11:6)।

इसलिए, जब हम प्रार्थना करते हैं, परमेश्वर से उद्धार का उपहार माँगते हैं, तो हम अपनी स्वतंत्र इच्छा का प्रयोग करके यह स्वीकार करते हैं कि हम उस पर विश्वास करते हैं। विश्वास का यह प्रदर्शन परमेश्वर को प्रसन्न करता है, क्योंकि हमने उसे जानने का स्वतंत्र रूप से चुनाव किया है।

उद्धार की प्रार्थना – अपने पापों को स्वीकार करना

जब हम उद्धार की प्रार्थना करते हैं, तो हम स्वीकार करते हैं कि हमने पाप किया है। जैसा कि बाइबल सभी के बारे में कहती है, केवल मसीह को छोड़कर: " *क्योंकि सब ने पाप किया है और परमेश्वर की महिमा से रहित हैं*" (रोमियों 3:23)।

पाप करना बस लक्ष्य से चूक जाना है, जैसे कि तीर निशाने पर ठीक से नहीं लगता। परमेश्वर की महिमा जिससे हम चूक जाते हैं, वह केवल यीशु मसीह में ही पाई जाती है: "

क्योंकि परमेश्वर ही है जिसने अंधकार में से ज्योति को चमकने की आज्ञा दी, और जो हमारे हृदयों में चमका कि परमेश्वर की महिमा की पहचान की ज्योति यीशु मसीह के चेहरे से दे" (2 कुरिन्थियों 4:6)।

उद्धार की प्रार्थना, इस प्रकार, यह स्वीकार करती है कि यीशु मसीह ही एकमात्र मनुष्य है जो पाप के बिना जीया। " *क्योंकि जो पाप से अज्ञात था, उसी को उसने हमारे लिये पाप ठहराया कि हम उसमें होकर परमेश्वर की धार्मिकता बन जाएँ*" (2 कुरिन्थियों 5:21)।

उद्धारकर्ता और प्रभु के रूप में मानना

मसीह को अपनी पूर्णता का मानक मानकर, हम अब प्रेरित यूहन्ना के साथ सहमत होते हुए, उनमें ईश्वर के रूप में विश्वास को स्वीकार कर रहे हैं कि: " *आदि में वचन (मसीह) था, और वचन परमेश्वर के साथ था, और वचन परमेश्वर था। वह आदि में परमेश्वर के साथ था। सब कुछ उसी के द्वारा उत्पन्न हुआ, और जो कुछ उत्पन्न हुआ है, उसमें से कुछ भी उसके बिना उत्पन्न नहीं हुआ*" (यूहन्ना 1:1-3)।

क्योंकि परमेश्वर केवल एक परिपूर्ण, पाप रहित बलिदान को स्वीकार कर सकता था, और क्योंकि वह जानता था कि हम संभवतः ऐसा नहीं कर सकते, इसलिए उसने अपने पुत्र को हमारे लिए मरने और अनन्त मूल्य चुकाने के लिए भेजा। "क्योंकि *परमेश्वर ने जगत से ऐसा प्रेम रखा कि उसने अपना*

एकलौता पुत्र दे दिया, ताकि जो कोई उस पर विश्वास करे, वह नाश न हो, परन्तु अनन्त जीवन पाए।" (यूहन्ना 3:16)।

उद्धार की प्रार्थना – इसे अभी कहो और इसका पालन करो!

क्या आप अब तक पढ़ी गई हर बात से सहमत हैं? अगर आप सहमत हैं, तो यीशु मसीह में अपना नया जीवन शुरू करने के लिए एक पल भी इंतज़ार न करें। याद रखें, यह प्रार्थना कोई जादुई नुस्खा नहीं है। आप बस अपने दिल की बात भगवान से कह रहे हैं। हमारे साथ यह प्रार्थना करें:

"पिता, मैं जानता हूँ कि मैंने आपके नियमों को तोड़ा है और मेरे पापों ने मुझे आपसे अलग कर दिया है। मैं सच में माफी चाहता हूँ, और अब मैं अपने पिछले पापपूर्ण जीवन से दूर होकर आपकी ओर मुड़ना चाहता हूँ। कृपया मुझे माफ़ करें, और मुझे फिर से पाप करने से बचने में मदद करें। मेरा मानना है कि आपका बेटा, यीशु मसीह मेरे पापों के लिए मर गया, मृतकों में से पुनर्जीवित हुआ, जीवित है, और मेरी प्रार्थना सुनता है। मैं यीशु को अपने जीवन का प्रभु बनने, आज से मेरे दिल में शासन करने और राज करने के लिए आमंत्रित करता हूँ। कृपया मुझे आपकी आज्ञा मानने और अपने बाकी जीवन में आपकी इच्छा पूरी करने में मदद करने के लिए अपनी पवित्र

आत्मा भेजें। यीशु के नाम में मैं प्रार्थना करता हूँ, आमीन।"

मुक्ति की प्रार्थना - मैंने प्रार्थना कर ली; अब क्या?

यदि आपने उद्धार की यह प्रार्थना सच्चे विश्वास और हृदय से की है, तो अब आप यीशु के अनुयायी हैं। यह एक तथ्य है, चाहे आप कुछ अलग महसूस करें या न करें। धार्मिक प्रणालियों ने आपको यह विश्वास दिलाया होगा कि आपको कुछ महसूस करना चाहिए - एक गर्म चमक, एक झुनझुनी, या कोई अन्य रहस्यमय अनुभव। तथ्य यह है कि, आप ऐसा कर सकते हैं या नहीं भी कर सकते हैं। यदि आपने उद्धार की प्रार्थना की है और इसे गंभीरता से लिया है, तो अब आप यीशु के अनुयायी हैं। बाइबल हमें बताती है कि आपका शाश्वत उद्धार सुरक्षित है! " *कि यदि तू अपने मुँह से यीशु को प्रभु जानकर अंगीकार करे, और अपने हृदय से विश्वास करे, कि परमेश्वर ने उसे मरे हुओं में से जिलाया है, तो तू निश्चय उद्धार पाएगा*" (रोमियों 10:9)।

परमेश्वर के परिवार में आपका स्वागत है! हम आपको प्रोत्साहित करते हैं कि आप अभी एक स्थानीय चर्च खोजें जहाँ आप बपतिस्मा ले सकें और परमेश्वर के वचन, बाइबल के माध्यम से उसके ज्ञान में बढ़ सकें।

आप हमारी साइट www.otakada.org पर भी जा सकते हैं जो आपको मसीह में विकसित होने और बढ़ने में मदद करेगी

यीशु को स्वयं खोजने के लिए डिस्कवरी बाइबल अध्ययन में इस लिंक का उपयोग करें https://www.otakada.org/dbs-dmm/

40-दिवसीय शिष्यत्व यात्रा

https://www.otakada.org/get-free-40-days-online-discipleship-course-in-a-journey-with-jesus/ के माध्यम से अपनी गति से 40-दिवसीय यात्रा ऑनलाइन शुरू कर सकते हैं।

यदि आपको मार्गदर्शन की आवश्यकता हो तो info@otakada.org पर ईमेल भेजें

प्रभु आपके जीवन को विस्तृत करें और आपको आनंद, शांति, प्रेम और सद्भाव से भर दें जो केवल वही दे सकता है, आमीन

आपके लिए प्रश्न!

यदि आपके पास कोई अनुवर्ती प्रश्न हों, तो बेझिझक मुझे लिखें, फोन करें या मुझसे बातचीत करें , क्योंकि हमें विश्वास है कि परमेश्वर की आत्मा आपको आपकी कल्पना से भी परे उत्तर देगी।

अमांडा डैनियल

https://web.facebook.com/groups/amandadaniel

www.ingramcontent.com/pod-product-compliance
Lightning Source LLC
LaVergne TN
LVHW051025051026
849532LV00004BA/1369
* 9 7 9 8 3 3 0 3 7 0 1 2 2 *